お金2.0

新しい経済のルールと生き方

株式会社メタップス 代表取締役社長 佐藤航陽 KATSUAKI SATO Metaps Inc. CEO & FOUNDER

NEWS PICKS × GENTOSHA 幻冬舎
NewsPicks Book

お金2・0

新しい経済のルールと生き方

はじめに

フィンテック、ビットコイン、シェアリングエコノミー、評価経済など２０１７年に入ってこういった単語を目にすることが増えたと思います。今、私たちの目の前で起きていることの多くは「お金」や「経済」に関する大きな変化です。そしてこれは私が起業する前からずっと考えてきたテーマでもあります。

インターネットが誕生した時も「情報」のあり方は劇的に変わりました。グーグルの登場によってキーボードを叩けば世界中の情報にアクセスできるようになりました。その後フェイスブックなどの誕生によってネットで常に双方向で繋がっているのが当たり前の状態になりました。この20年で、「情報」のあり方、「コミュニケーション」のあり方が変わりました。

そして今まさに「経済」のあり方が変わろうとしています。

お金や経済のあり方が変わり、それに連動して働き方もどんどん変わっていっています。仮想通貨市場の時価総額はいつのまにか20兆円を超え、日本の大企業もどんどん副業を解禁しています。ＳＮＳ上で強い影響力を持つインフルエンサーの登場と、そこからの評価経済の議論など、変化は加速しています。

ただ、どのように変わっていくのか？　どのような方向に向かっていくのか？　それがわからないと不安になる方も多いと思います。**この21世紀に登場した「新しい経済」とはどんな経済なのか、その「新しい経済の歩き方」を本書では紹介しています。**

本書では現在の経済やお金の起源、そのメカニズムを紹介して、それがテクノロジーによってどのように変化していっているのかを扱い、最後に**資本主義の欠点を補った考え方として、価値を軸として回る社会「価値主義」という枠組みを提案しています。**資本主義には問題があると世の中で言われることが増えました。ただ、どのような点が問題であり、どうすればそれを解決できるのかといったことが語られることはあまりありません。

資本主義はベストではないがベターではあると考えられてきましたが、現在はそれより良い仕組みが実現できる可能性が出てきています。価値主義は1つの可能性として、目の前で起きている事例を踏まえながら説明していきます。

まず最初に、なぜお金や経済の本を書こうと思ったかをお話ししておきたいと思います。

私は1986年に福島県で生まれました。今では震災や原発によってその名前は世界中で有名になりましたが、そこで育った自分からすると本当に特徴のない田舎でした。

私が生まれた家庭は、片親でお世辞にも裕福とは言えず、母親が兄弟3人を養っていました。4人家族の世帯年収は一番厳しい時は100万円台だったこともあります。今考えるとなぜ生活できていたか不思議になりますが、当時はそれが当たり前の環境でした。

当然、小学校の高学年になってくると他の子供の家には当たり前にあるものが、自分の家にはないということに気づき始めます。**どうやら我が家には「お金」というものが**

ます。

ないらしいと、かなり早い時期からお金を意識する機会が多くありました。

今でもあまり実家に寄り付かないのは、当時の家に良い記憶がないからなんだと思います。

そこで純粋に思ったのが、お金をたくさん持つ家に生まれた子供はたくさんの機会が与えられ、そうでない家庭に生まれた子供には選べる道が少ない、ということでした。

「人生って平等じゃないんだな」

この時に感じた疑問がその後の自分の人生に大きな影響を与えました。

同時に、自分の人生が生まれた瞬間から失敗が約束されているような、そんな運命のようなものを感じて、大きな憤りを覚えました。

「生まれた瞬間から失敗が約束されている人生なんてあってたまるかよ」という怒りを感じ、仮にそういう運命のようなものがあるなら全力で抗いたいと思いました。

その上で、「人間はどんな境遇であっても何者にでもなれる」ということを証明したいという思いが生きる原動力になりました。

そして、そんなことを思うようになった原因である「お金」とは何なのか？ そして今の社会のスタンダードな仕組みとなった、資本主義社会とは何なのか？ そこに疑問を抱くようになりました。

「今の社会の仕組みが本当にベストなのか？ もっと良い仕組みは作れないのか？」ということを、気がつくと考えるようになっていました。

確かによくできた仕組みであるけれど生まれた瞬間からスタートラインが違うような世界がベストであるわけはない、もっと良い仕組みがあるはず。ないならもっと良いものを自分で作ろう、といつしか考えるようになっていました。

高校を卒業して上京し、社会の枠組みを作る仕事として法律家を目指そうと思いましたが、当時は司法制度改革の影響で法律家になるためには大学院を卒業する必要がありました。

「大学の4年の学費すらないのに、さらに大学院に2年なんてとても無理だ」

当時の自分は「司法試験に2年で合格すれば、大学を中退してすぐに法律家になればいい」と、楽観的に考えていました。大学を卒業する余裕のない人間に、プラス大学院2年で合計6年も学校に通い続けられるとは到底思えませんでした。

「方向転換しなくちゃ……」

大学に入学してすぐに自分の考えていた道が塞がりつつあり、方向性に悩んでいました。その時になってようやく気づきました。

「まてよ、お金があるかどうかで人生が決まってしまうことに疑問を感じていたのに、お金がないとなれない職業を目指すのはそもそも矛盾していないか？　そういう社会システムにムカついていたんだから、その仕組みを作り変えるような仕事をしよう」

そう思って大学1年の夏には方向転換、自分で会社を作って事業を始める道を選びました（その後に大学は中退）。そして力をつけて、幼少期からずっと**自分の人生に影響を与え続けてきた「お金」の正体を掴み、今よりも良い社会の仕組みを自分の手で実現しよう**と考えました。

そこから今まで、経営を通してお金や経済のことに触れ続けてきました。本から学べる知識、経営の実務を通して得られる体験、事業のデータを通して得られる知見、どれも色々な気づきを与えてくれました。

同時に、自分がいかにお金や経済の表面的なことしか知らなかったのか、偏見に惑わされていて本当の構造を理解していなかったのかを思い知らされました。

経営では日々の経理から資金繰りなどを通して金融の仕組みをリアルに知ることができ、組織マネジメントという観点からも、お金を稼ぐ人々の行動原理を学ぶことができます。

事業をすることによって、人はなぜお金を払うのか？　どんな時に払うのか？　という疑問を、膨大な行動データから読み解いていきました。

そして、自社の株式を公開し、資本市場とは何なのか？　ということを自分の経験をもって理解することができました。

「なぜ上場したのか？」と私はよく聞かれるのですが（上場しなくても継続して成長させることはできたから）、**お金や経済を理解しようとしたら金融の中心地である株式市場は避けて通れません。**

外から見ていた資本市場のイメージと、体験した実際の姿は全く別のもので、ここでは多くの気づきを得ることができました。私は当初は資本市場に対しては当然ですがネガティブな印象を持っていました。

人々の欲望が渦巻く場所で、何かの役に立っているとは思えなかったからです。ただ、それは私の理解が浅かっただけで、経済を持続的に発展させていくために必要なシステムとして機能していました。そして、なぜ今のような仕組みができたかと言うと、金融の歴史や人々の欲望を最適化していった結果だということも理解することができました。

当事者として関わったことで、非常によくできた仕組みである一方、課題もあることが見えてきました。この体験は「タイムバンク」という新規事業を作る時に活きてきました。

これらの経験を通して得た発見は、お金に対してネガティブなイメージを持っていた私にとっては目から鱗の連続で、知れば知るほど興味を掻き立てられることばかりでした。

ある仮説を立てて事業を通して検証すると、それに紐づいた次の仮説が見つかる。その仮説検証を繰り返すことで大学では学べないような活きた知見を得ることができました。

２０１５年から世の中ではFintech（フィンテック）という言葉が徐々に広まっていき、ビットコインなどの仮想通貨が２０１６年後半から一気に普及し始め、**２０１７年は仮想通貨ベースの資金調達手段であるＩＣＯ（Initial Coin Offering）が盛り上がり、お金や経済のあり方が大きく変わっていくことが誰の目にも明らかになりました。**

この本ではFintechやビットコインなどの技術的な最新トレンドの紹介をしたいわけでもありませんし、新たな金融工学や経済学の理論を紹介したいわけでも全くありません（そういった話はメディアや大学の先生がたくさん紹介されているのでそちらを参考にしてください）。

また、人生の方向性に迷っている人に対する自己啓発本でもありませんし、「こうすれば仕事の効率が上がる！」といったライフハック的な本でもありません。世の中はこう変わるといった未来予測を趣旨とする本でもありません。

この本を書いた目的は、「お金や経済とは何なのか？」、その正体を多くの方に理解して欲しい、そして理解した上で使いこなし、目の前のお金の問題を解決して欲しいということです。

多くの人の人生の悩みの種類は３つに分かれます。

①人間関係、②健康、③お金です。

そして、③お金、によって人生の道が狭められてしまったり、日常がうまく回らなかったりという経験をする人を、１人でも少なくしたい。

昔の自分のような思いをする人をできるだけ減らしたい、そして、昔の自分に教えておきたい、知っておいて欲しいことをできるだけ包み隠さず書いていきます。

私は普段は企業経営をメインとしておりますが、このことは、自分が15年以上ずっと考えていたテーマですので、昔の自分がもっと早く知りたかったことを文章として残しておくことにしました。お金をテーマに文章を書くのはこれが最後になると思います。

お金や経済のメカニズムを万人が理解して使いこなせるようになった時、人間がお金に対して抱く不安・恐怖・焦り等の様々な感情から解放される時が来るかもしれません。

何よりも、多くの人がお金というフィルターを外して人生を見つめ直すことで、「自分はなぜ生まれてきて、本当は何がしたいのか？」という本質的なテーマに向きあう契機になると思っています。

かつて、電気の発明が人間の生活を一歩前へ進め、医学の進歩が疫病から多くの人を救い、身分からの解放が個人の一生に多くの可能性をもたらしました。**同様に「お金」や「経済」もまだまだ進化の途中であり、人間は今とはもっと違う存在を目指せると、私は信じています。**少なくとも、朝から晩までお金のことを考え、お金がないことに怯え、翻弄される人が多くいる時代は、私たちの世代で終わりにしていいはずだとも思っています。

専門用語などはできるだけ使わずに書くことを心がけました。ＩＴや金融関係の人にとっては少しくどいように感じられるかもしれませんが、ご容赦ください。

本書を通して、お金や経済を「ツール」として使いこなして自分のやりたいことを実現できる人が増えることを願っています。

目次

第2章

テクノロジーが変えるお金のカタチ

109

第3章

価値主義とは何か？

第4章

「お金」から解放される生き方

第5章

加速する人類の進化

装幀　トサカデザイン（戸倉　巌、小酒保子）
編集　箕輪厚介（幻冬舎）

第1章

お金の正体

3つのベクトルが未来の方向性を決める

企業の経営を通して一番勉強になったのが、世の中がどのように動いているかという力学に関してです。そしてこれらは経営に限らず色々な分野で成果を出している人が意識的にせよ無意識的にせよ持っているバランス感覚であることが徐々にわかってきました。表現や言葉は違うけれど、だいたい同じ構造が頭の中にありました。

それは、**現実はおおよそ3つの異なるベクトルが併存し相互に影響を及ぼしており、それらが未来の方向性も決めている**、という構造です。もちろん実際はもっと複雑で無数の要素があるのでしょうが、中でも影響力の強い3つに絞りました。**「お金」「感情」「テクノロジー」の3つです。**

①お金（経済）

3つの中で最も強力だと感じたのがお金（経済）です。アマゾンの奥地で自給自足をしている民族を除けば、地球上のほぼ全ての人は市場経済の影響力から逃れることができないためです。現状では「経済＝お金」と言っても良いでしょう。

私たちは生活をするためにお金を稼ぎますし、人生の半分はそのために仕事をしています。お金は生きることと直結していますから影響力は絶大です。かつ、経済の構造は弱肉強食が大前提で、より強く大きいものがより弱く小さいものから奪うという構造になっています。経済は戦争と言われますがそのままで、淘汰と食物連鎖を繰り返しているようです。

不思議なことにお金の仕組みは学校などでは教わることはありません。大学や大学院で経済や経営について教わることはあっても、「お金」の本質そのものには触れられていないような気がします。学問的な賢さが実社会での生活力に直結しないのは、バスケと野球のように、それらが別のルールで運営される競技だからであると納得できました。

②感情（人間）

次に影響力の強いのが感情（共感・嫉妬・憎悪・愛情など）です。ある思想が全人類の共感を得ることはないと思いますが、必ず一定の母集団を形成するのに役立ちます。
その意味ではお金の影響力よりは若干劣りますが、とても強力な要素です。

人間は誰かを羨んだり嫉妬したりする反面、他人に共感したり自分を犠牲にしても何かに献身したりする生き物だと思います。いくらお金の性質を掴んで経済的な成功を収めても、他人の感情を無視しては長続きしません。社会から共感を得られないような事業は、協力してくれる人もいなくなり、最終的には自壊してしまいます。

お金の影響力は確かに強いですが、人の感情を無視しては持続することはできないというのがポイントです。

③テクノロジー

最後はテクノロジーですが、これは重視する人が最も少ない要素です。99・9%の人はテクノロジーのことを考えなくても問題なく生活できます。

ただ、テクノロジーは大きな変化のキッカケをいつでも作ってきました。自然や人間は時代によってそれほど変わるものではないですが、テクノロジーだけは目まぐるしく

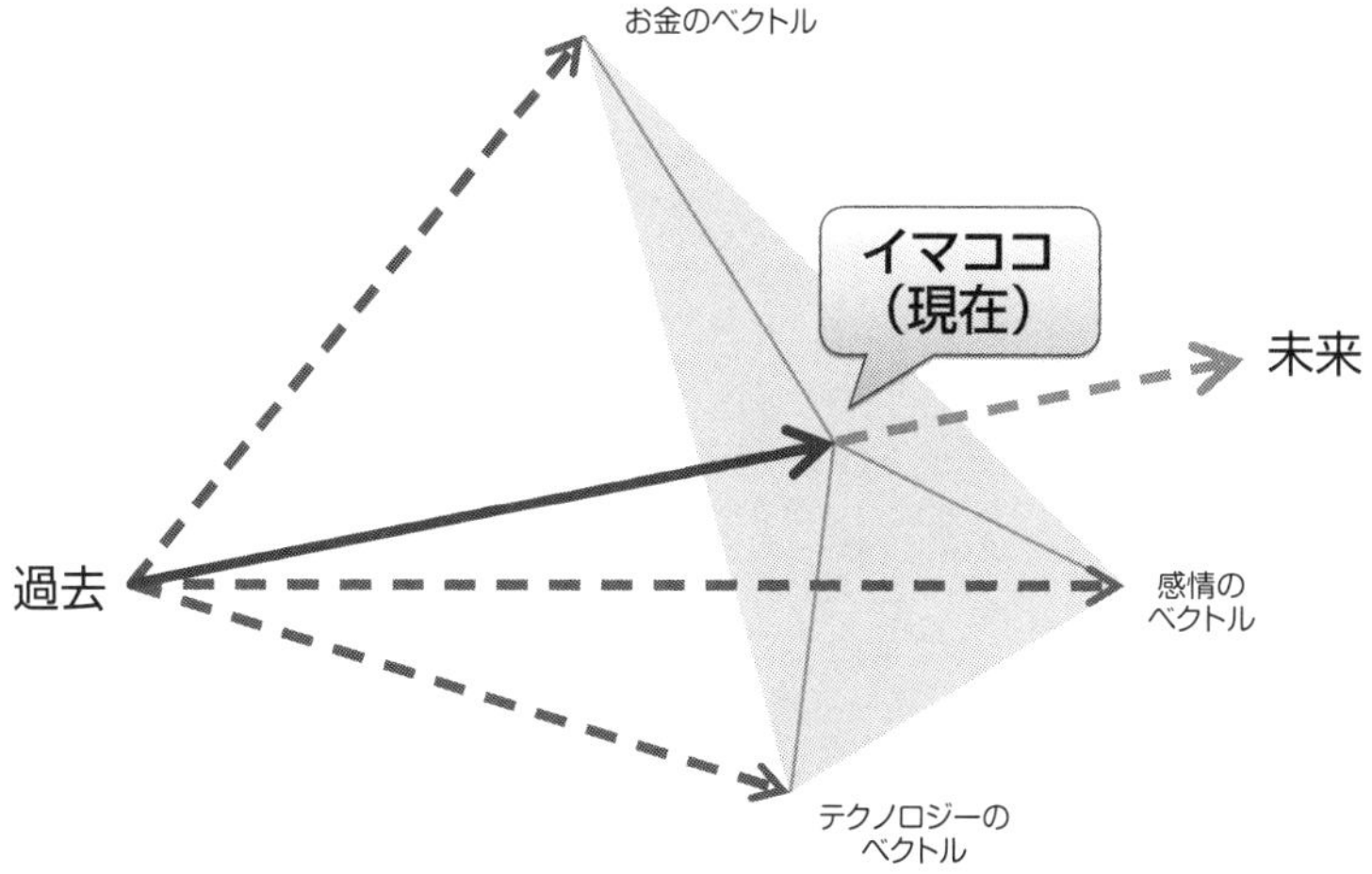

変わっていく問題児です。

かつ、テクノロジーには一定の流れがあり１つの発明が次の発明を連鎖的に引き起こしていきます。まるで地層のように重なって作られています。例えば、昨今の人工知能の進歩はネットに接続されたデバイスとデータが溢れたことが根底にありますし、コンピュータは半導体や電気などの複数の技術革新の結晶のような存在です。最近はこのテクノロジーの影響力が徐々に強まっています。

頭の中のイメージを図に落とし込んでみると、異なるメカニズムで動く３つの要素が、それぞれ違うベクトルを指して進んでいます。それらの先端を結んだ三角形の中間が「現在」であり、その軌道が「未来」の方向性だと感じました。

以上、3つのベクトルについて、お話ししましたが、**引っ張る力はお金が一番強く、次に感情、最後がテクノロジーです。ただ、必ず3つのベクトルが揃っていないと現実ではうまく機能しないというのが特徴です。**

例えば、他人の感情を無視して経済的な拡大だけを求めていって崩壊していく様を私たちはこれまで何度も見てきました。反対に、多くの人が共感してくれるようなプロジェクトもそこに関わる人たちの生活を支えられるだけの経済的価値を作り出せなければ、長期的には人は離れていってしまいます。誰でもまず最低限の衣食住が必要なためです。

同様に、テクノロジーも、倫理を無視したものは実現可能であってもなかなか世に出ることはありません。経済的・社会的価値が見つからなかった研究の予算が削減されてしまうことは日常茶飯事です。

これら3つのベクトルは、学校の科目で言えば体育と数学と美術ぐらい違うと感じます。しかも、お金・感情・テクノロジーの3つの要素が連動して1つの結果を作っているので厄介です。1つの要素ですらそこそこ複雑なのにそれが3つあり、相互に依存した関係性があるわけなのでハードルはさらに上がります。

竹中平蔵さんとお話をしていた時に**「世の中は連立方程式のようなものだ」**とおっしゃっていましたが、この表現はとてもしっくりきました。１つの数字をイジると全体が影響を受けますし、複数の式が連動して１つの答えが導かれる。自分よりもずっとはっきりとイメージができているのだろうと思いました。

本書はお金や経済をテーマにした本ですが、この３つのベクトルがいずれも重要であることは、読み進めていくとご理解いただけると思います。まずはお金のベクトルから紹介していきます。

急激に変わるお金と経済のあり方

本書を手に取った方でしたら、「Fintech（フィンテック）」という言葉はもう耳にタコができるぐらい何度も聞いていると思います。**Fintechとは、financeとtechnologyを組み合わせた造語で、ＩＴなどの新たなテクノロジーの進化によって金**

融の世界が破壊的に変化するトレンドを指しています。それに付随して、ロボアドバイザー、ビットコイン、ブロックチェーン、クラウドファンディングなど様々なバズワードが溢れています。

ただ、この領域を主事業にしている者として、これは全く違う2つの現象をごっちゃにして語っているように感じています。ここではこの2つの現象を便宜的にFintech1.0とFintech2.0として区別することにします。

①Fintech1.0

Fintech1.0とは、簡単に言えばすでに存在している金融の概念は崩さずに、ITを使ってその業務を限界まで効率化するようなタイプのものです。決済、投資、融資、保険、会計など、近代にできた枠組みは触らず、スマートフォンやビッグデータなどを用いて既存の業務の無駄を省いたり、新しいマーケティング手法を活用したりするものが中心です。いずれも既存の金融の延長線上にあるもので、金融機関が使うFintechとはほぼこちらの1・0のほうを指しています。特徴としては、**既存の金融機関で働いている人がビジネスモデルを聞いてすぐ理解できるものがFintech1.0です。**

典型例が、ＡＩを活用して投資を最適化するロボアドバイザー、スマートフォン端末を用いた決済、ネットで多くの人から資金を集めるクラウドファンディング。いずれもすでにある技術を活用して効率化したものなので、聞いただけで何となくイメージできます。

②Fintech2.0

2・0は1・0とは全く異なり、近代に作られた金融の枠組み自体を無視して、全くのゼロベースから再構築するタイプのものです。本書のタイトルである「お金2・0」もここから取っています。2・0のサービスは概念そのものを作り出そうとするものが多いので、既存の金融の知識が豊富な人ほど理解に苦しみます。通貨、決済、投資、融資などすでにある枠組みに当てはめて判断することが非常に難しいため、**そのサービスや概念を見た時にそれが何なのかを一言で表現することができません。**

その典型がビットコインです。仮想「通貨」と表現されていますが、世間一般で言う通貨の定義には当てはまりません。まず円やドルのように国が発行するわけでもなければ、楽天のように管理者がいるわけでもありません。にもかかわらず仕組みとしては成り立ってしまっています。通常の金融の知識だけでなく、ゲーム理論、暗号理論、P2Pネットワークなど学術的な話もかじっていないと完璧には理解できません。

そして、本書で扱うのはもちろんこの2・0のほうです。2・0は抜本的にこれまでの社会基盤を作り変えてしまうポテンシャルがあります。ただ、**2・0はあまりにも既存社会の常識とは違うので今の経済のメインストリームにいる人たちにとっては懐疑や不安の対象になりやすいといった特徴もあります。そして、それこそが全く新しいパラダイムであることの証でもあります。**

本書ではまずお金や経済の仕組みから、テクノロジーによる経済の変化の流れ、最後に私たちの生活の変化の順番に紹介していきます。

お金とは何か？

資本主義の話をする前に、まず「お金」とはそもそも何もので、なぜできたかに触れておきたいと思います。

お金ができた理由は「価値」という漠然としたものをうまくやりとりするためであり、

お金には価値の保存・尺度・交換の役割があると言われています。

もともと、お金は物々交換の不便さを補う仕組みとして発達したようです。確かに食料はすぐ腐りますし遠くまでは運べませんから、何かに価値のやりとりを仲介してもらう必要があります。この価値の媒介物は、時代によって貝殻だったり金属だったり紙だったりと姿をよく変えます。

他人が必要とする資源を手に入れ、とりあえずお金に換えておけば、自分が何か必要になった時にすぐに交換できます。腐る心配もありませんし、比較的軽いので持ち運びも便利です。**現在世界最古のお金は紀元前１６００年ぐらいの貝殻とされています。**お金は資本主義が発達するずっと前から人間のそばにあったことがわかります。

お金が社会の中心に位置づけられた資本主義

そんな長い歴史を持つ「お金」も、かつては今ほどプレゼンスが強くなかったようです。時代によって人間が大事だと思う対象が神様（宗教）だったり、王様（身分）だったりしたためです。

お金が表舞台に出始めるのは、今から３００年前の18世紀頃です。このあたりから社会の変化のスピードが劇的に上がっていきます。

いくつかの革命が起き、「自由」・「平等」などの概念が広まり、個人が自分の人生を自由に選択できるようになります。

同時に産業革命が起こり、農業から工業へと生活の中心が移っていきます。労働という価値を提供して「お金」という対価を得る労働者と、「お金」という資本を使って工場を所有する資本家に大別されるようになります。

市民革命により貴族などの身分の影響力が薄れる一方で、工場を作るための原資である「お金」が非常に重要になっていき、労働者にとっても生活する手段として「お金」の重要性が高まっていきます。

このあたりで**「身分」から「お金」へパワーシフトが起き、「お金」が社会の表舞台**

に主役として登場していきます（資本主義）。

　ここからの資本主義の発達は説明不要だと思いますので省きますが、この時期から人と「お金」の関わり方は劇的に変わっていったのが感じ取れます。

　最初は、「お金」は価値を運ぶ〝ツール〟でした。

　ただ「お金」が社会の中心になるにつれ、価値をどう提供するかを考えるよりも、「お金」から「お金」を生み出す方法を考えたほうが効率的であることに、気づく人が出てきます。人を雇用して製品を作って市場で売って「お金」に換えてまた何かを買うよりも、「お金」に「お金」を稼がせるほうがもちろん楽です。現在の金融市場の大きさが、それを証明しています。

　価値を仲介するツールに過ぎなかった「お金」が、価値から分離してひとり歩きを始めた感じでしょうか。

　証券化などのスキームが生み出され、「お金」を金融商品として販売できるようになるとこの流れはさらに加速していきます。証券の証券化まで来るともう実体経済の消費とは関係ないところで「お金」だけがぐるぐるとひとり歩きをし続けるようになります。

価値を効率的にやりとりするための手段として生まれた「お金」は、やがてそれ自体を増やすことが目的に変わっていきます。

いわゆる手段の目的化ですが、資本主義におけるお金の重要性を考えれば必然的な流れだと思います。

資本主義社会ではお金がないと何もできません。日々食べるものも買えませんし、家賃を払うこともできません。また、会社の中ではより多くのお金を稼げる人が評価され出世していくようになります。このようにお金を稼ぐことが生活することと直結していて、それを増やすことに大きな報酬が用意されているので、全員がお金を増やすことのみに焦点を絞るようになります。

中央銀行の仕組み

では、そのお金はどこで作られているのでしょうか？

現代で言えばお札を刷っているのは国家が管理する中央銀行です。日本だと日本銀行になります。

これは、昔からそうだったのでしょうか？　実はそんなことは全くありません。**国家が管理する中央銀行がお金を刷って、国の経済をコントロールするようになったのはつい最近のことです。**

最初の本格的な中央銀行は、大英帝国（現イギリス）のイングランド銀行と言われています。イングランド銀行は、１６９４年にフランスと戦争中だったイギリスが戦争の費用を調達するために作った銀行です。

しかし、当時は一部の政府関係者や貴族の発案で作られた民間の大手銀行の１つに過ぎませんでした。現代の日本でたとえるならば、三菱東京ＵＦＪ銀行やみずほ銀行のようなものです。

当時はまだ各銀行が、それぞれ預り証書である銀行券を発行して、それをバラバラに流通させていました。まるで今の仮想通貨におけるアルトコインのような状況です。

イングランド銀行が発行する銀行券も、国が定めた法定通貨ではなく、メガバンクが発行する証書の1つのような存在でした。

その後、1833年になって初めてイングランド銀行が発行する銀行券を法定通貨と定めて、1844年にピール銀行条例で国営化されます。ここから国家が中央銀行を所有して国の経済をコントロールする枠組みが出来上がります。

それを見た当時のアメリカと日本が、イギリスを真似して自分たちの国にも中央銀行の仕組みを取り入れます。ここから様々な国家に中央銀行制度が取り入れられていき、今の体制が出来上がりました。

ちなみに、1900年代の段階で中央銀行を設置していた国は18ヶ国程度、1960年には50ヶ国。現在では大半の国に設置されています。

こうして遡ってみると、**中央銀行が本格的に普及したのはこの100年ほどです**。なんだか数千年も続いているような錯覚に陥りがちですが、人類史から見るとつい最近普及した新しい仕組みと言えます。私たちの4世代ぐらい前の時代では当たり前に存在するものではなかったことがわかるはずです。中央銀行が通貨を発行し、国が経済をコントロールするのが標準になってまだ１００年程度と考えると、**最近出てきた仮想通貨やブロックチェーンなどの新しい仕組みが１００年後に標準になっていたとしても、それほどおかしな話ではないかもしれません。**

仮想通貨は鏡の世界？

つい最近経済に最も大きな影響を与えたものとしては、真っ先にビットコインに代表される仮想通貨があげられるでしょう。

本書が出る頃には説明不要になっているとは思いますが一応補足しておくと、ビットコインとは、中央に管理者がいなくとも成り立つバーチャル上の通貨で、２００９年にナカモトサトシと名乗る人物によって作られたと言われています。ビットコインにはブロックチェーンという技術が活用されています。

一定期間のデータを１つの塊（ブロック）として記録し、それを鎖（チェーン）のように繋げていくことで、ネットワーク全体に取引の履歴を保存し、第三者が容易に改ざんできないようになっています。

後述しますが、中央の管理者不在のＰ２Ｐ（個人間）ネットワークであり、なおかつそこに参加する人たちのメリットも適切に設計された非常によくできた仕組みです。

このビットコインを原型に様々な仮想通貨が作られており、２００９年に始まったこの仮想通貨市場全体の時価総額は20兆円に近づいています。

そんな話題の仮想通貨ですが、世の中の意見は真っ二つに分かれています。**金融を変える「革新的なテクノロジーである」という論調と、「詐欺で胡散臭いものである」という論調です。**

確かに、しっかりと法整備がされていないこともあり、仮想通貨の周りには詐欺師や怪しい人たちがたくさんいます。ネット上でも「これだけ儲かる！」みたいな怪しいセミナーに誘導したり、ビットコインを騙し取ろうとする人がたくさんいます。

ただ、既存の金融に詳しい人たちの批判で、的外れなものもよく見かけます。例えば、「ビットコインや仮想通貨は通貨にはなれない」「中央に管理者が不在なのに通貨として成り立つわけがない」「通貨の定義に当てはまらない」などです。

「通貨」とついているのでややこしいのですが、仮想通貨と法定通貨は全く違う仕組みで動いています。なので、法定通貨の定義や類推をもとに語る意味はありません。それは球技でルールの異なる野球とサッカーを比べるような話で、サッカーはルールが違うから野球ではないということと同じぐらい無意味です。

この2つは似ているようで全く違う仕組みなのです。言うなれば鏡の世界。一見、似ているように見えるが逆のルールが適用されていて、同じ枠組みに当てはめることができません。

私もよく既存の経済と、仮想通貨などの新しい経済の話をする時に、「こちら側」と「あちら側」という風に区別して、頭の中のスイッチを切り替えるようにしています。意識しないと同じような枠組みで考えてしまいがちですが、野球とサッカーぐらいに別の仕組みだと区別しないと、目の前で起きていることは正しく認識できません。

新しいものが出てきた時に、それに似た業界の前提知識があると、その知識に当てはめて新しいものを見てしまう傾向があります。しかし、それは危険です。仮想通貨も既存の金融業界の人ほど理解に苦しみ、全く前提知識のない若者や一般の人のほうが自然に受け入れて使いこなしています。

仮想通貨やブロックチェーンという新たな技術も、金融知識のある人は一旦それを横に置いて、全く新しいルールで回っている新しい仕組みとして捉えてみるのが良いのではないかと思います。

膨大なデータから見えてきた「経済システム」の構造

後ほど経済システムの作り方の話をしようと思いますが、その前に、経済システムの仕組み自体を読み解く必要があります。私は事業を通して研究を重ねてきました。

まず私が何をしているか、簡単にご紹介したいと思います。

私は株式会社メタップスという会社を経営していて、現段階では主に3つの事業を行っています。

１つは、ビッグデータの解析や活用を軸にした企業のマーケティング支援事業。クライアントのアプリやＥＣサイトのユーザーデータの解析を通じて、人々がどのようにサービスを使っていて、どんなことをすればもっと熱狂的に使ってくれるのかを分析しています。その上で、顧客に様々な改善策を提案して一緒に売上を伸ばしていくという事業です。

中国・韓国・シンガポールなどのアジアでも拠点を構えて世界中のアプリ開発者にこのようなサービスを展開してきました。これまで２億人以上のスマートフォンユーザーの行動と、年間数千億円以上の購買行動データを分析してきました。世界で一番売上を上げたアプリも当社のお客さんです。

２つ目はオンライン上でのお金のやりとりを仲介するネット決済事業です。みなさんがネットでものを買う時に使うクレジットカードやコンビニでの決済などの後ろ側のシステムインフラを支えています。こちらも年間で数千億円規模のお金の処理をしています。目立ちませんが、みなさんがビットコインなどを仮想通貨取引所で購入する際の入金や決済の基盤も、当社の仕組みを使っているケースが多いです。

3つ目は、右記の2つの事業で得た知見を活用して、当社が一般消費者に対してサービスを提供していく事業です。後述する、時間を売買できるアプリ「タイムバンク」などがこれにあたります。

これ以外にも研究開発部門で様々なデータを集めては多様な角度から分析しています。

これらで得た知見をもとに、人はなぜお金を払うのか、うまくいっているサービスに共通の特徴とは何かということを研究してきました。

大学の研究室と違って、ネットの会社を経営していて良い点は、事業やサービスを通して膨大なデータに触れることができ、リアルタイムで仮説検証ができる点。仮説が正しければサービスは急成長し、間違っていればすぐに潰れます。

私は事業をしているので、**実務の中で再現できないことは本当に「理解した」とは言えないと思っています。**

テストで100点を取ろうが、学界の権威になろうが、実社会で実際に再現して活用できなければそれは対象の「表面」を理解したに過ぎません。現実のビジネスにおいて使いこなせるようになって初めて理解したことになると考えています。**実務の世界では机上の空論は全く通用せず、成果に繋げることで、初めて活きたノウハウになり得るのです。**

そんな前提に立ちながら、数億人の膨大な行動データとお金の流れを分析し、その根底にある普遍的なメカニズムを探ってきました。仮説を立てては事業で試し、検証を繰り返しながら、理論をブラッシュアップしてきました。

すると、全く違うように見えていた様々なサービスや市場や組織の根底には、普遍性のある構造が隠れているということがわかりました。驚くべきことにそれはスケールを変えても、様々なものに適用できるシステムでした。

これから紹介するのはそこで見つけた、経済の特徴とメカニズムです。やや抽象度の高い、普遍的な特徴になるので、なるべく具体例を交えながら説明していきます。

経済とは「欲望のネットワーク」

経済はネットワークそのものです。

個人同士が繋がって1つの巨大なネットワークを作り、その上でお金が人から人へ移動しています。

このネットワークの構成分子である人間を動かしているのは、各々の欲望・欲求であり、経済は個人の欲望・欲求を起点に動く報酬（インセンティブ）のネットワークです。

時代によって人間の欲望は微妙に移り変わっているようですが、自分なりに**現代社会の欲望を大別してみると、①本能的欲求、②金銭欲求、③承認欲求の3つに分けられます。**

①本能的欲求は、衣食住の欲求、異性の興味を引きたいという欲求、家族への愛情など、生物が持つ根源的な欲求です。

②金銭欲求は、そのまま稼ぎたいという欲求です。
③承認欲求は、社会で存在を認められたいという欲求です。
本能的欲求に比べると、金銭欲求も承認欲求もいずれも歴史の浅い欲求です。

経済は人と人の繋がりが切れたり、新しく繋がったりと、ネットワーク全体が常に組み替えを繰り返していて流動的です。そして、このような動的なネットワークには共通する特徴が２つあります。

①極端な偏り
経済が欲望のダイナミックなネットワークだとすれば、このようなネットワークには**「偏り」が自動的に生じます。**

私たちは何かを選ぶ時に多くの人に支持されているものを選ぶ傾向があります。コンビニで歯磨き粉を買う時もアプリを選ぶ時も、多くの人が使っているものを信頼して選んだほうが失敗が少ないからです。
そして、商品を仕入れるお店も、皆に売れるものを中心に仕入れて棚の目立つところに並べ、それによってさらに商品が売れていくというサイクルを繰り返します。人気者がさらに人気者になっていく構造です。

結果的に上位と下位には途方もない偏り（格差）が発生します。一般的にはパレートの法則（上位２割が全体の８割を支える構造）とも呼ばれていますが、**経済のような動的なネットワークでは自然に発生してしまう現象の１つです。**

経済格差は特定の力のある人たちが暴利を貪った結果と考えられてしまいがちですが、実際は動的なネットワークの性質から避けられないものです。**世界経済で言うと、上位１％の富裕層が世界全体の富の48％を所有しており「上位80人」と「下位35億人」の所得がほぼ同じだとされています。**

所得だけでなく消費においても同様で、身近な例で言うと、ソーシャルゲームではまさにその法則が当てはまります。無料で遊べるタイプだと全体の３％がお金を払い、さらにその中の上位10％で全体の売上の50％を占める（全体の０・３％が総売上の半分を占める）といったことが普通に起こります。

②不安定性と不確実性

動的なネットワークの特徴
①極端な偏り
多くの繋がりを持つ中継点ほどさらに多くの繋がりを獲得しやすく結果的に極端な偏りが発生する
②不安定性と不確実性
些細な出来事がネットワーク全体に影響を与えて、常に全体が不安定で不確実な状態になる

偏りの性質とも関係していますが、動的ネットワークの、もう1つの特徴としてあげられるのが不安定性と不確実性の増大です。

全体があまりにも緊密に繋がり相互に作用しあう状態になると、先ほどの偏る性質も相まって、些細な事象が全体に及ぼす影響を予測するのが難しくなり、不安定な状態に陥ります。

１０００年前を想像してみると、遠く離れた国で起こった出来事が自分たちの生活にリアルタイムで影響を及ぼすなんてことはありえなかったはずです。

しかし現代では、イギリスのＥＵ離脱やアメリカ大統領選挙によって世界中の為替と市場はめまぐるしく動き、経済は常に不確実で、不安定な状態にさらされています。

まさに「繋がりすぎた世界」の弊害と言えます。

人の手で経済は創れるか？

ここまで、私が事業を通じて研究してきた経済の特徴についてお話ししました。**経済とは簡単に言うと「人間が関わる活動をうまく回すための仕組み」**です。その中の1つの形態として、現代の貨幣経済や自由市場経済が存在しています。

経済と聞くと、政治家や学者だけが財政政策を考える時に議論するようなテーマと捉えがちですが、人が3人以上存在していて生きるための活動を行っていればそこには必ず経済の要素が入ってきます。

例えば、生産活動をするために大勢の人が集まっている「企業」も経済システムと言えますし、エンジニアが作る「Ｗｅｂサービス」、地域の人たちが集まって盛り上げる「商店街」、大学生が運営する「サークル」に至るまで、名前が違うだけで、それぞれが1つの小さな経済システムと考えることもできます。

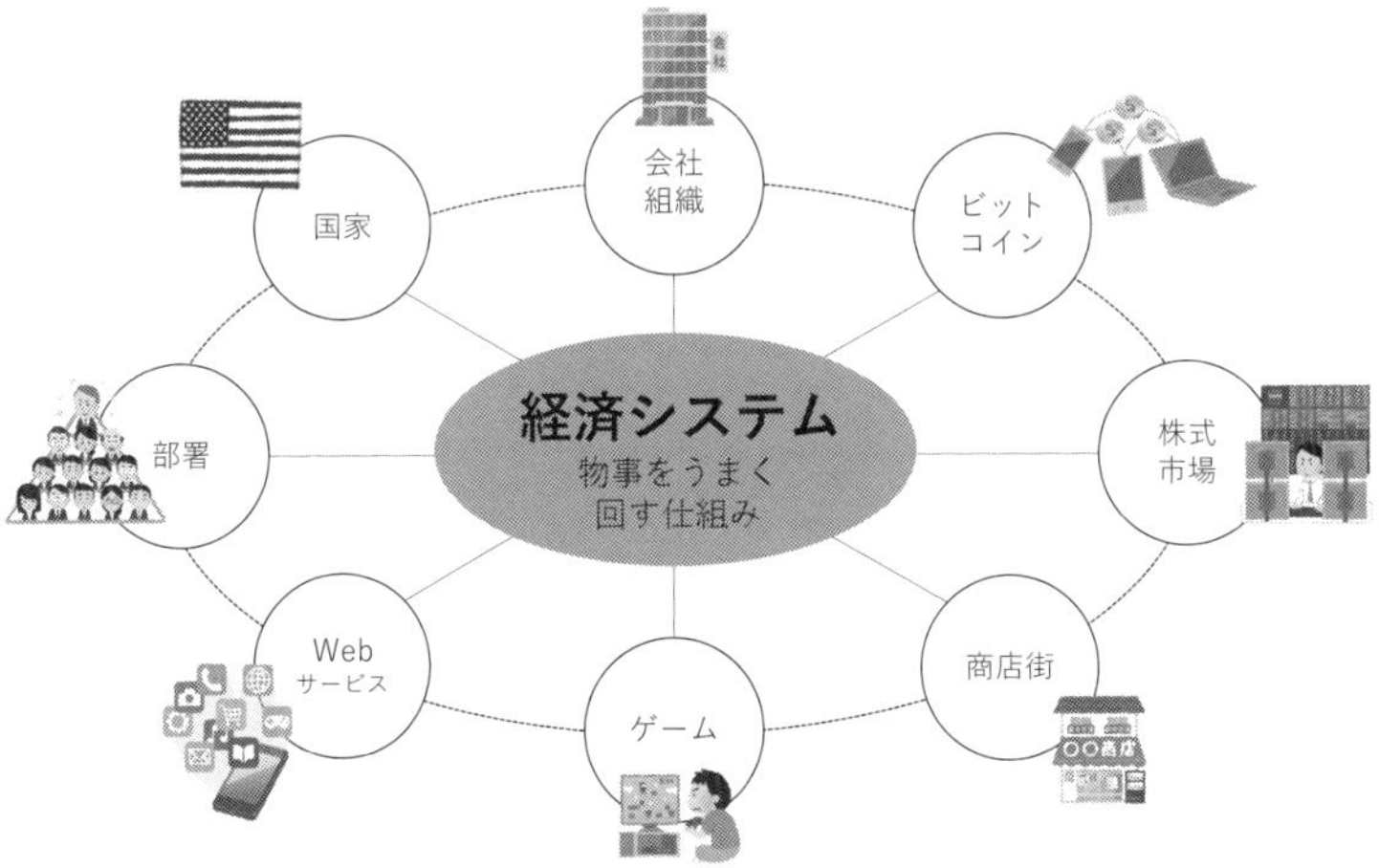

そして、手軽にネットでサービスを作って世界中の人に使ってもらえるような時代になった今、**経済は「読み解く対象」から「創り上げていく対象」に変化しつつあります。**

世の中の悲劇や不幸の多くは、悪人によって起こされるよりも、実際は、誤った仕組みが大規模に社会に適用されることによって起きているほうが多いのです。

社会における多くの非効率や不幸を最少にするためには、物事をうまく回すための普遍的な構造を理解し、何かを新しく創る人たちが、それを使いこなせるようになることが近道です。

そのためには、生のデータに触れて、実生活で使える「活きたノウハウ」にまで落とし込む必要があります。

ここからの話では、以上の考察を踏まえた上で、**実生活に応用するために、私が積み上げてきた「活きたノウハウ」を紹介します。**

社長やリーダーであれば組織をうまく運営する方法、プロデューサーであれば良いサービスを作る方法であり、事業開発や経営企画の人であればプラットフォーム戦略のノウハウと置き換えられるかもしれません。

ノウハウと言っても、技術や小手先論ではなく、普遍的な法則です。

あらゆるものに応用できるので、自分が関わっている生産活動に当てはめてみると面白いと思います。

発展する「経済システム」の5つの要素

とりあえず「生産活動をうまく回す仕組み」を「経済システム」と、ここでは呼ぶことにします。

「経済システム」は、大前提として自己発展的に拡大していくような仕組みである必要があります。

誰か特定の人が必死に動き回っていないと崩壊するような仕組みでは長くは続きません。

よくできた企業やサービスは個人に依存していません、仕組みで動きます。

フェイスブックの成功もマーク・ザッカーバーグが頑張って人を呼び続けているからではなく、「人が人を呼ぶ仕組み」がうまく作られているからに尽きます。

この持続的かつ自動的に発展していくような「経済システム」にはどんな要素があるかを調べていった結果、５つほど共通点があることに気がつきました。

①インセンティブ、②リアルタイム、③不確実性、④ヒエラルキー、⑤コミュニケーション、の5つです。

①報酬が明確である（インセンティブ）

経済システムなので当然ですが、参加する人に何かしらの報酬（インセンティブ）、明確なメリットがなければ始まりません。当たり前のように感じますが、この要素が抜けていて失敗することが実は最も多いです。

「素晴らしいと思うけど積極的に参加する気にはなれない」という組織やサービスは、このインセンティブの設計が欠けています。

インセンティブにも、人間の生物的な欲望（衣食住や子孫を残すことへの欲望）や社会的な欲望（金銭欲・承認欲・競争欲）を満たすものがあり、複数の欲望が混ざっている場合もあります。

現代は生物的な欲望よりも社会的な欲望が目立ってきていて、中でも頭文字を取って3M（儲けたい・モテたい・認められたい）の3つが欲望としては特に強く、これらを満たすようなシステムは急速に発展しやすいです。

②時間によって変化する（リアルタイム）

次に、時間によって状況が常に変化するという要素も必要です。

かならずしも本当にリアルタイムである必要はありませんが、**常に状況が変化するということを、参加者が知っていることが重要です。**

人間（生物）は変化が激しい環境では緊張感を保ちながら熱量が高い状態で活動する

ことができます。反対に、明日も明後日も来年も変化が全くない環境で生活すると緊張も努力もする必要がありませんから、全体の活力は次第に失われていきます。

③運と実力の両方の要素がある（不確実性）

さらに、不確実な要素があったほうが経済システムとしては活気が出ます。

例えば、誰もが未来を正確に予測できて、生まれた瞬間から死ぬまでの結果がわかってしまうような世界があったら、必死に生きたいと思うでしょうか。映画も最初から結末がわかっていると興ざめしてしまいます。

人間は生存確率を高めるために不確実性を極限までなくしたいと努力しますが、一方で**不確実性が全くない世界では想像力を働かせて積極的に何かに取り組む意欲が失われてしまいます。**

自らの思考と努力でコントロールできる「実力」の要素と、全くコントロールできない「運」の要素が良いバランスで混ざっている環境のほうが持続的な発展が望めます。

④秩序の可視化（ヒエラルキー）

ヒエラルキーというとネガティブな印象が強い言葉ですが、持続的に発展する「経済システム」を作る上で、秩序が可視化されている必要があります。

実際に社会で広く普及した経済システムは例外なくヒエラルキーが可視化されていて、明確な指標の役割を担います。

世の中には、**偏差値、年収、売上、価格、順位のような数字として把握できるものから、身分や肩書きのような分類に至るまで、階層や序列に溢れています。**

「経済」は実物のない、参加者の想像の中だけにある「概念」に過ぎません。なので、目に見える指標がないと参加者は自分の立ち位置がわからなくなってしまいます。また、指標が存在することで、自分と他人の距離感や関係性を摑みやすくなるメリットもあります。

一方でこのヒエラルキーも、それが固定化されると、②リアルタイム（時間によって変化）と、③不確実性（運と実力の要素）が失われ、全体の活気を失わせてしまう原因にもなる諸刃の剣です。

当然、**優位なポジションを手に入れた者はその地位を守ろうとするので新陳代謝を強制的に促す仕組みを組み込んでおく必要があります。**

⑤参加者が交流する場がある（コミュニケーション）

最後に重要なのが、「経済システム」そのものに参加者同士のコミュニケーションの機会が存在しているということです。

人間は社会的な生き物ですから、他人との関係性で自己の存在を定義します。**参加者同士が交流しながら互いに助けあったり議論したりする場が存在することで、全体が1つの共同体であることを認識できるようになります。**

そのコミュニケーションの場を通して、問題があったらアイディアを出しあって解決したり、1人ではできないことを共同で実現したりできるようになります。この要素が、システム全体をまとめる接着剤としての機能を発揮します。

例えば、古代ローマの「フォルム」や古代ギリシャの「アゴラ」など、都市の公共広場は政治的にも宗教的にも非常に重要な役割を担っていたことは有名です。

Ｗｅｂサービスやアプリなどを作る上でもユーザー同士が交流できる仕組みはすでにお馴染みの機能になりました。会社運営や学校教育においても、参加者がコミュニケーションを絶やさないように交流会や行事が運営に組み込まれていることが多いです。

経済に持続性をもたらす2つの要素

追加①経済システムの「寿命」を考慮しておく

安定性と持続性を考えると、さらに2つの要素を取り入れる必要があります。まず1つ目は「寿命」です。

不思議に聞こえるかもしれませんが、より**「経済システム」を長続きさせたい場合、それ自体の寿命をあらかじめ考慮に入れておくことが重要です。**

私たちの身体や車やパソコンと同様に、永遠に機能する完璧な経済システムというものは存在しえない、というのが今のところの持論です。

なぜなら、**経済システムは何十年、何百年と運営されることで階層の固定化といった「淀み」の発生を避けられないからです。**

経済は人気投票を何百万回と繰り返すようなものなので、時間が経つほど特定の人に利益が集中してしまうのは必然です（フィードバックループの結果）。この作用が格差を生み出します。

長く運営されることで徐々に特定の層に利益が滞留し始めると、当然それ以外の人の間で新しいシステムの誕生を望む声が高まっていきます。

また人間には「飽き」があるので、長く同じ環境にいると不満がなかったとしても、新しい環境を望んでしまう傾向があります。

最初から完璧なシステムを作ろうとせずに、寿命が存在することを前提にし、寿命がきたら別のシステムに参加者が移っていけるような選択肢を複数用意しておくことで、結果的に安定的な経済システムを作ることができるようになります。

例えば、ビジネスで、プラットフォーム戦略を考える時には、この寿命の概念はよく出てきます。

フェイスブックは若者のユーザー離れも想定してワッツアップやインスタグラムも買収しています。

飽きられても他のサービスでユーザーを逃がさないようにしています。

ヤフーや楽天のような大手ＩＴ企業も特定のサービスに飽きたら他のサービスに回遊させるような設計がなされています。また、外食チェーンがファミリーレストランから

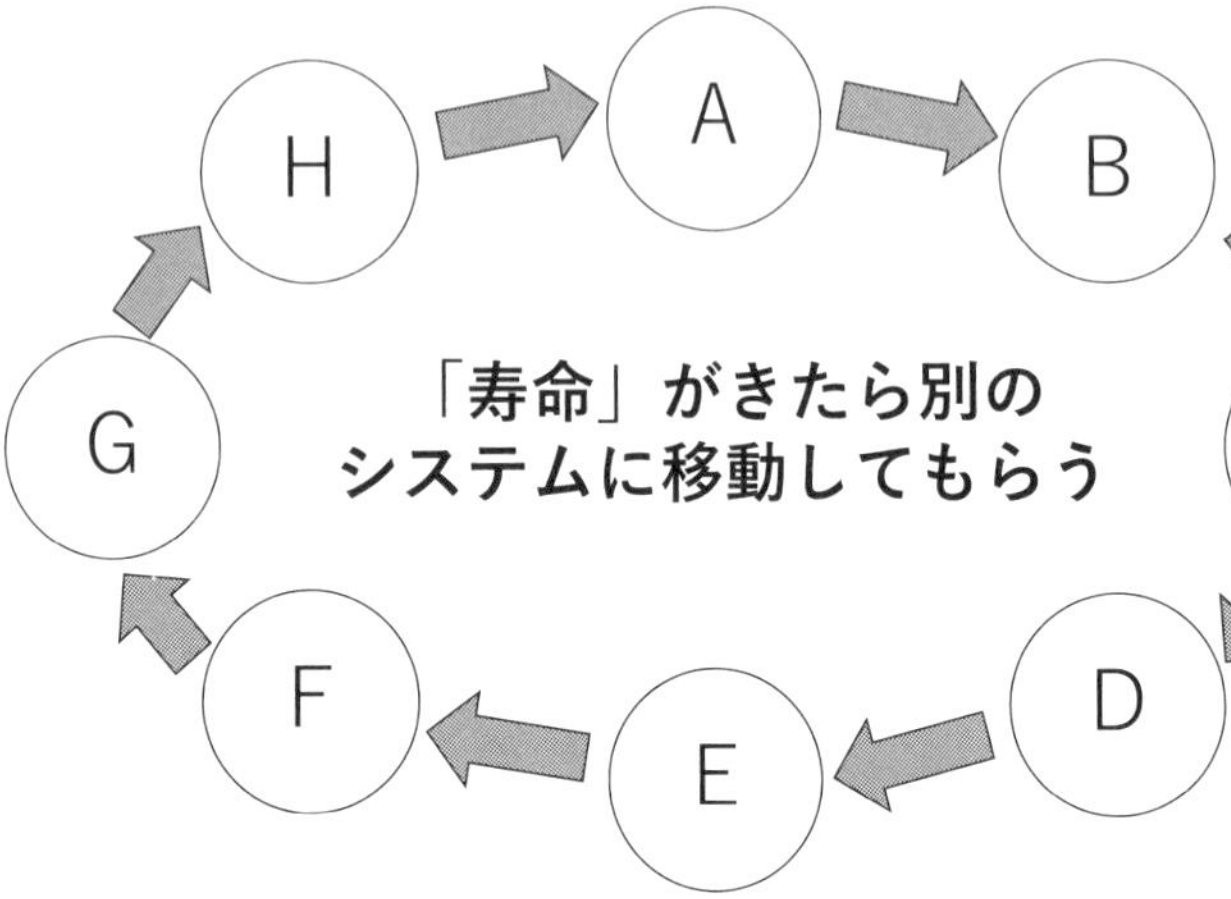

中華料理まで店舗のレパートリーを用意して、お客さんの飽きを想定しながら展開しているのも同様の狙いがあります。

追加②「共同幻想」が寿命を長くする

２つ目が「共同幻想」です。

永遠に続く完璧な経済システムを作ることはできなくても、できるだけ長持ちさせることはできます。

その時に重要になるのが、参加者全員が同じ思想や価値観を共有していること。

誤解を恐れずに言えば、**「参加者が共同の幻想を抱いている場合」、システムの寿命は飛躍的に延びます。**

国家であれば倫理や文化、組織やサービスであれば理念や美学みたいなものが該当するでしょう。

経済は参加者全員が利害を重ねる共同体でありながらも、個々は競争をしあうライバルの関係でもあります。当然、中にはズルをする人もいますし、自分勝手な人もいます。放置しておくと「やったもん勝ち」になって秩序は失われていきます。

そのうち不満を抱いている参加者が離脱していき、徐々に離反者が増えていき崩壊に至ります。ただ、この**利害が激しくぶつかりあう場合でも、参加者が同じ思想や価値観を共有している場合には、互いに譲歩できる着地点を見つけられる可能性が高くなります。**

かつてアップルが倒産の危機に陥った時、アップルに戻ってきたスティーブ・ジョブズはアップルの「ブランド」に再び焦点を絞りました。

当時アップル製品は不具合が多いことで有名でしたが、アップルの思想や美意識に共感した熱烈なファンがいて、欠点があっても使い続けてくれていました。

通常の安売りメーカーであれば、不具合があればユーザーは二度とリピートしてくれませんが、価値観に共感している場合は多少の失敗は許容できます。

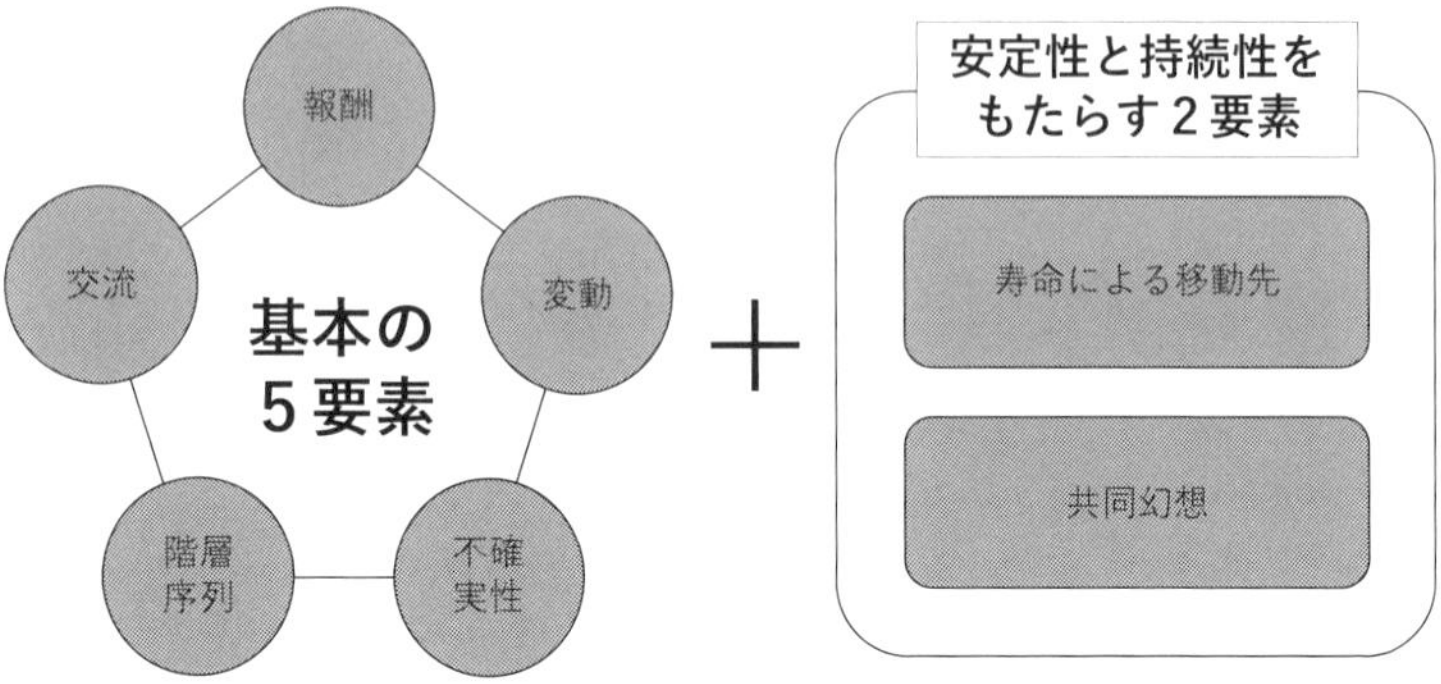

これによってアップルは倒産を免れました。このように価値観を共有している場合は多少の軋轢があってもお互いに譲歩しあえるので、結果的に利害のみで繋がったシステムよりはるかに長続きします。

ここで、あえて「幻想」と表現したのは、絶対的な正しい価値観というものは存在せず、時代によって変化する流動的なものだからです。

全員が同じものに価値を感じれば、実際に価値が発生してしまうのです。共同幻想はシステムに対して自己強化をかけます。

コミュニケーションが弾力性のある接着剤だとすれば、世代を超えて引き継がれる共同幻想は、瞬間凍結させる液体窒素のようなものだと言えます。

反対に言えば、**「世界を変える」とは、前時代に塗り固められた社会の共同幻想を壊して、そこに新しい幻想**

を上書きする行為に他なりません。

国家、通貨、宗教、偏差値、学歴、経歴、年収、資産、倫理、権利など、私たちの精神や行動を縛る概念のほぼ全てが人工的に作られた幻想ですが、これらの効力が薄れ、時にはまた別の幻想が誕生し、人々の新たな価値判断の基準になっていきます。

ビットコインに感じた「報酬設計」の秀逸さ

これらの要素をうまく取り入れている典型的な例にビットコインがあります。

ビットコインはそのリバタリアン的な思想や、そこで使われているブロックチェーンなどの技術面が注目されがちですが、**私はビットコインの報酬設計の秀逸さに驚きました。**

ハイエクやゲゼルなどの同様の思想は、昔から存在していましたし、分野は違えどP

2Pや暗号技術もそれぞれは新しいものではありません。

かつて、フリードリヒ・ハイエクという学者は「貨幣発行自由化論」を発表し、**国家が中央銀行を経由して通貨をコントロールすることは実体経済に悪影響を及ぼすとし、通貨の国営化をやめるべきだ**と主張しました。現代では考えられないことですが、当時は国家が通貨をコントロールすることは常識ではなかったことがわかります。

ハイエクは、市場原理によって競争にさらされることで健全で安定した通貨が発展すると考えていました。経済学が好きな人にとっては、ビットコインはこのハイエクの思想を体現した仕組みのように映っているはずです。

ハイエクはオーストリア・ウィーン生まれの学者で、経済学・政治学・哲学など幅広い学問に精通した多才な人物で、ノーベル経済学賞も受賞しています。また、ハイエクは全体主義や計画経済などのように、**国家が経済や社会をうまく計画してコントロールできると考えるのは人間の傲慢に過ぎない**と主張し、自由主義を支持していました。

また、ドイツ人経済学者のシルビオ・ゲゼルは、『自然的経済秩序』という著書の中で、**自然界のあらゆるものが時間の経過と共に価値が減っていくのに、通貨のみは価値

が減らないどころか金利によって増えていくことを指摘し、それは欠陥だと主張しました。それを解決するアイディアとして、価値が時間と共に減る自由貨幣（スタンプ貨幣）を考え出しました。

これは一定期間に紙幣に一定額のスタンプを貼らないと紙幣が使えなくなる仕組みで、まさに利子と真逆の概念を取り入れています。これによって通貨が滞留してしまうことを防ぎ、経済の新陳代謝を強制的に促すことも可能になります。これはアプローチは違えど、ピケティが提案した資産を所有すること自体に税金をかけるべきといった資産税に近い概念です。

ただ**ビットコインが他の学術的な思想とも、ただの新技術とも違うのは、この経済システムに参加する人々が何をすれば、どういった利益が得られるか、という報酬が明確に設計されている点です。**

マイナーや投資家（投機家）などを〝利益〟によって呼び込み、ブロックチェーンなどの〝テクノロジー〟で技術者の興味を引き、その〝リバタリアン的な思想〟によって社会を巻き込んで、システム全体を強固なものにしています。

インセンティブを強調しすぎて崩壊していく金融市場や、誰得なのか不明なままの新技術。理論的な美しさを重視して最初から実現する気のない思想論文。こういったものは世の中に出ては消えていく時代の消耗品です。

しかし、**ビットコインは経済・テクノロジー・思想とそれぞれが、それぞれの役割を与えられた上で、うまく報酬の設計がなされています。**

さらにオープンソースにすることで、もしビットコインがダメになってもアルトコインを始めとした別の選択肢へ参加者が移動しやすくなっています。

結果、参加ハードルを下げてリスクを分散し、仮想通貨全体で安定的な市場を形成しつつあります。

私はこれを見た時に、**ビットコインの発案者は「理想主義者」ではなく、あくまで動くものを作りたい「現実主義者」だと感じました。**

普及させるための手段として技術やら思想やら報酬設計やらを有効に使い、自分の手で新たなシステムを作って広めることのほうを重視していると（まるでプロダクトを作るエンジニアのように）。

小綺麗な思想論文にはない現実主義者の「強《したた》かさ」のようなものを感じて、あまりによくできていたので私は思わず嫉妬を覚えてしまうほどでした。

「経済システム」の活用

強固な経済システムを作る上で必要な5つの要素（追加2つ）を紹介しましたが、どうしても抽象的な話になってしまっていたので、ここからはみなさんの身の回りにあるものに当てはめて具体例をあげながら紹介していこうと思います。

これは会社に当てはめれば「組織マネジメント論」となりますし、サービスに当てはめれば「プラットフォーム戦略」や「コミュニティ戦略」になります。

いずれも名前が違うだけで原理は一緒なので、学問的な区別に惑わされずに、根底にある普遍的なメカニズムを手触り感を持って理解することが大事です。

従来は、会社や製品を作る上で、こうした経済の考え方を取り入れる必要はなかったと思います。それぞれが明確な目的と需要によって成り立っていたので、複雑な経済のメカニズムなどを取り入れなくても十分に機能しました。

しかし、**ＩＴ化やグローバル化の流れで世界はどんどん複雑化が進み、資本主義の発達によって全体が裕福になると、単純な需要を満たすだけでは供給過多に陥り、経済システムは成り立たなくなっていきます。**

持続的に成長する組織の条件

まずは多くの方に最も馴染みが深く、既存の資本主義経済とも密接に関わっているものとして「会社」があげられます。

会社は多くの個人で構成される集合体で、個人が力をあわせて1つの目標に向かって動き、賃金を受け取っています。**「給与」というわかりやすい報酬が用意された典型的な経済システムです。**

かつて会社は効率的な生産活動をするためだけに作られた存在でした。それ以上でもそれ以下でもありませんでした。

しかし、資本主義社会が発達する中で、会社は生産活動以上の社会的な役割を担うようになってきていますし、そこで働く人々も会社に単なる給与をもらう以上のやりがいや安定性などを求めるようになりました。

今後の会社はいかに人々が気持ちよく進んでやる気を持って働ける「環境」を用意できるか、言い換えれば「仕組み」を設計できるかが重要になってきます。

前述した経済システムの要素を取り入れてみましょう。

①明確な報酬が用意されているか

もともと会社は労働に対する対価として給与が用意されているので、最低限の報酬設計は初めからできています。

しかし、**現代ではお金以外の欲求が高まっています**。自分がその会社で働いていることで社会的な承認が得られるか、若年層であれば異性からの評判が良いかなども重要になります。

それは、社外だけでなく社内においても同様です。会社内で同僚や上長に認められているか、評価されているか、その精神的な報酬が与えられているかという設計も非常に重要です。

そして、②市場が成長しており変化が激しく、予測できないようなことが日々起こるような職場環境。自分の努力や判断で結果に大きな差が出るような環境では、緊張感と刺激を感じて動く人が増えるでしょう。また③不確実性が強いということで会社は活気づきます。投資銀行やメディア、ＩＴ業界などは変化が激しく予測が難しいため、何もしなくてもこのような環境が作られています。

④ヒエラルキーも同様です。努力してもしなくても給与や待遇に差が出ない場合は当然ながら頑張って働こうとする人はいません。

成果に応じた給与や等級はこの「ヒエラルキーの可視化」の役割を持っています。よく営業や売上などの数字が強い会社のオフィスの壁には、目標数値との差や、競合との比較や、個人ごとの成績などが全員に対して可視化されて、毎日（場合によってはリアルタイムで）更新されていることがあります。これは地味に見えて非常に効果的で、コミュニティの全員が比較できる明確な数値によるヒエラルキーを意識することで、個々人が積極的に動いていこうとする動機付けになります。

そして、⑤コミュニケーションですが、これは人事部門などがよく注力する領域です。部門の飲み会やら会社の総会やらで、参加が面倒だと考えている人も多いでしょう。ただ、実は組織としてはこういった交流の場が重要で、業務とは関係ない話でもしてメンバーが仲良くなっていると、いざ仕事でトラブルがあったり悩んでいる時にも気軽に声をかけることができて、互いに協力しあうこともできます。

会社で働くメンバー同士の交流の機会が増えるほど企業としての一体感は高まります。私も経営をしていると、**一見意味のない時間を一緒に過ごした人ほど、その後に深い関係性を築きやすい**、ということに気づかされます。

プラスアルファの要素として、共同幻想をあげましたが、これは会社に当てはめるとビジョンや経営理念に当たります。会社の理念には正解はもちろんありません。

その会社が何を信じたいか、何を正しいと思っているかの宣言がビジョンや理念です。**そこで働くメンバーが同じ理念を信じている場合には会社は一体感を持って動くことができ、多少のトラブルがあっても互いに理解しあうことができるため、その会社がバラバラになる可能性は著しく低くなります。**

そして、これは会社のメンバーに限らず、社外の取引先や消費者も同様で、その会社の理念に共感したり同じものを信じている場合には、多少の問題があっても協力してくれたり、支えてくれたりする可能性が高いです。

読者の方が魅力的だと思う企業を思い浮かべてみても、おそらく紹介したような要素の多くを兼ね備えている会社が多いはずです。

世界的に見ても、ディズニー、コカ・コーラ、グーグル、アップルなど、**いずれも働く人たちに高い水準での金銭的報酬と社会的報酬を与えて、激しく変化を繰り返し、数字や役職などの秩序を可視化し、明確な理念をメンバーへ浸透させることに多大な労力を割いています。**

つまり、今の時代の経営者には、意識的にせよ、無意識的にせよ、この5つの要素を理解し、**よくできた「経済システム」を作るプロであること**が求められています。

勝手に拡大するサービスを作るには？

では、企業ではなく、サービスではどうでしょうか？

先進国では、ものやサービスが溢れています。

衣食住の基本的な欲求は満たされていてものが売れない時代と言われています。人々の欲望は、物質的なものではなく精神的なものに移ってきています。

そんな状況で、ユーザーに熱中して利用してもらえるような商品やサービスを作るには、ユーザーの欲望と向きあう必要があります。そして製品やサービスを作る人は、その製品を軸に作れる経済圏の設計を考えておく必要があります。

衣食住などの根源的な欲望を満たすためのサービスであることはもちろん、それに加えて社会的な欲望を満たす要素を入れるだけでもユーザーの反応は全く変わってきます。

社会的な欲望とは、金銭欲求・承認欲求などが典型です。

フェイスブックやツイッターやインスタグラムなどの**SNSは、直接的にお金のやりとりをするサービスではないのでわかりにくいですが、非常によくできた経済システム**

と言えます。

「いいね」や「RT」はSNSという経済の中では「金銭」ではなく「承認」という欲求を満たすための装置であり、ユーザー間でやりとりされる「通貨」のような役割を担っています。拡散によって増えていくフォロワーは、貯金のように貯まっていく「資産」に近いです。

SNSのタイムラインはリアルタイムで内容が変化し、見る度に新しい情報が飛び込んできます。また、自分の投稿次第で何が起こるかは予測が難しいという不確実性があり、批判を浴びたり炎上したりという「リスク」もあります。

「いいね数」「フォロワー数」「視聴者数」など、様々な指標が数字で可視化され他人と比較することができ、業界や趣味ごとのヒエラルキーも明確になっています。もちろん、いつでもユーザー同士が相談しあったり議論したりすることができます。**SNSは先ほど紹介した経済システムに必要な5要素を完璧に押さえています。**

おそらく、フェイスブックやツイッターなどは、こういった欲望の構造を理解して作ったわけではないはずです。

実際にフェイスブックは最初は自分のプロフィールを載せるだけの大学生向けの自己紹介サイトに過ぎませんでした。**ザッカーバーグや経営メンバーがすごいなと思うのは、人々が何を欲しているか、そしてどんな欲望を持っているかを、表面的なユーザーの声や世の中の偏見に惑わされず、データを見ながら探り続けたことです。**

ユーザーの反応を見ながら新しい機能をスピーディーに追加していき、反応が悪かったらすぐに機能を消していくというアップデートを繰り返していきました。

その中でタイムラインという機能や、「いいね！」やシェアなどの機能、チャット機能など、ユーザーが自分でも知らない欲望を理解していったのでしょう。

フェイスブックが大きくユーザー数を伸ばしたキラーアプリケーションに「写真」があったそうです。タイムラインに写真を投稿した時のユーザーの反応はテキストの場合とは全く異なっていたそうです。

２０１２年にフェイスブックは「社員13人で売上がほぼゼロ」の写真共有アプリ「インスタグラム」を８００億円で買収します。金融的な考え方からすると、この買収はあまりにも高すぎるように見えますが、写真がＳＮＳにおけるキラーアプリだと過去の経験から理解していたザッカーバーグだからこそ、このリスクを取ることができました。

２０１７年現在、インスタグラムは月間利用者数８億人を超えて、ツイッターを上回る規模の世界的なソーシャルメディアに成長しました。**その企業価値は６兆円以上と言われています。**

まずヒットするサービスを考える場合は、衣食住などの生理的欲求以外の社会的欲求を刺激できる仕組みを導入できないかを考えてみることが重要です。

またサービスがリアルタイムとは言わずとも、**毎日・毎週・毎月変化する企画があることで、ユーザーは常にそのサービスのことが気になってくるようになり、何度も訪れてくれる可能性が高まります。**

また、そのサービスを利用している人同士がコミュニケーションを取れる場所やら空間やらの機能を用意してあげるとベターです。Ｗｅｂサービスであればグループやチャットやコメントなどの機能がありますし、リアルのサービスであれば感謝祭やイベントのような場になります。

さらにそこで特にサービスの発展に貢献してくれたユーザーに対しては、他の人とは区別して「特別待遇」をし、それがユーザーの間で可視化されていることが必須です。**ロイヤルティを持って使ってくれた人が、そうではないライトユーザーと同じ扱いをされたら、彼らのサービスに対する熱も冷めてしまうことでしょう。**

そして、貢献度に応じて受けられる優待や割引などを用意しヒエラルキーを作ります。Ｗｅｂサービスであれば、「ランキング」のような機能ですし、リアルのサービスであれば「ゴールド会員」などの仕組みです。

こうしてサービスを軸にして、それを使ってくれるユーザーを母集団にして１つの経済システムを形成し、**サービスが成長することでユーザーも得をし、ユーザーが得をすることでサービスも成長するという「利害の重ねあわせ」を丁寧にやっていき、共生関係を作り出していきます。**

これによってサービスの差別化が難しくなったとしても、サービスを軸に形成された経済圏が競争優位性となり成長を続けることができるようになります。

今後、情報伝達がここまで速くなった世界では模倣は簡単です。目新しいと思われたアイディアも一瞬でコピーされます。ただ、強いロイヤルティカスタマーに支えられた経済システムは一朝一夕でコピーできるものではありませんし、コピーしたとしても同じものを作ることはできません。

製品やアイディアで勝負する時代から、ユーザーや顧客も巻き込んだ経済システム全体で競争する時代に変わってきています。

「小米《シャオミ》」に学ぶ経済圏の作り方

フェイスブックとは違って、ものを扱うメーカーでこの経済システムの考え方を取り入れて大成功した企業があります。

「小米」という中国の携帯端末メーカーです。小米はＩＴの世界では非常に有名な企業で、中国のＩＴ業界のカリスマの雷軍ＣＥＯによって２０１０年に設立されました。

雷軍ＣＥＯは、中国の大手ソフトウェアメーカーであったキングソフトのＣＥＯを務めた人物で、小米は携帯端末を作る企業でありながらＣＥＯはソフトウェアやＥＣに精通した特殊な会社です。

小米はAndroidベースでスマートフォンを作っており、アップルの思想に影響を受けた雷軍CEOは徹底的に細部にこだわったクオリティの高いスマホを作っています。ここまでなら普通の職人気質のメーカーに過ぎませんが、**特殊なのはそのマーケティングとコミュニティ形成の戦略です。**

小米は初期は店舗での販売を一切せずに、ネットでの販売のみに特化しました。さらに、製造数を敢えて絞ることで端末そのものの希少性を高めて、なかなか手に入らない状況を作りました。**これにより「小米の端末を持っている＝羨ましい」というプレミアム感を出すことに成功しました。**

また、雷軍CEOは強烈なビジョンを持つカリスマ的存在であり、彼のビジョンと高品質な製品に魅せられたたくさんのファンを作っていました。この**ファンたちがなかなか手に入らない小米のスマホをソーシャルメディアで拡散させていき、マーケティングコストをかけずに多くの人に認知させることに成功しました。**

細部にこだわった高品質な製品、なかなか手に入らない希少性、強烈なビジョンに支えられたファン層の形成、ソーシャルメディアでの口コミなどが重なって、小米のスマホを使っていることはクールであるという「ブランド」としての価値が生まれます。

小米はスマートフォンを販売して売上を立てていますが、**実際は商品以上の価値を生み出し、熱量の高いファンによって支えられた「小米経済圏」の形成がビジネスモデルとも言えます。**

こうした企業・製品・ファン・消費者によって形成されるビジネスは、通常よりもマーケティングコストが低く、かつコミュニティによって守られているため競争環境にも強いです。

こうした戦略はＷｅｂサービスに限らず、メーカーや店舗やサービス業などあらゆる業態で応用可能です。自分が今取り組んでいることに対しても、どのような形で取り入れられるかをぜひ考えてみてください。

経済と脳の深い関係

前述のように、うまく回っている経済システムには共通するいくつかの要素が存在しているのが自分でも事業や組織で試してみてわかりましたが、**なぜこのような仕組みになっているのか？　その理由は当初はよくわかっていませんでした。**

とりあえず、うまく回っている経済にこの要素が共通して存在していて、この要素を色々なものに当てはめるとうまく回り出すとしか言いようがありませんでした。

構造を理解できて自分で再現もできたけれど、なぜこのような仕組みになっているかの理由はわからない、そんなモヤモヤを抱いていました。

ふと、全く別件で、人間の脳の仕組みを調べていた時に、その答えを偶然に見つけました。

答えは、私たち人間の脳内の快楽を司る「報酬系」と言われる神経回路にありました。

個人的には、お金や経済といった社会学的な分野が、人間の脳という生物学的な分野に繋がっていたことには衝撃を覚えました。

よくよく考えたら、生物である人間の脳の集合体が経済や社会を構成しているので当たり前と言えば当たり前ですが、２つを全く別分野と認識していた私は色々な分野が根底で繋がっていることに不思議な感覚を覚えていました。

「灯台下暗し」とはよく言ったもので、経済という大きなシステムを知るには、自分たちの脳みその仕組みを知るのが近道でした。

私たち人間や動物の脳は、欲望が満たされた時に「報酬系」または「報酬回路」と言われる神経系が活性化して、ドーパミンなどの快楽物質を分泌します。この報酬系は、食欲・睡眠欲・性欲などの生理的欲求が満たされた場合はもちろん、他人に褒められたり、愛されたりなどの社会的な欲求が満たされた時にも活性化して快楽物質を分泌します。

この報酬系のおかげで、私たちの行動における動機付けがされます。少々言い方が悪いですが、**人間も動物もこの報酬系の奴隷のようなもので、ここで発生する快楽物質が欲しいために色々な行動に駆り立てられます。**

そして、この報酬系の役割は何かを学習したり、環境に適応したりする際に非常に重要な役割を担っています。親に褒められたいから勉強を頑張る、異性にモテたいから努力する、もしくは恋人が欲しいからダイエットする。長期的な報酬が期待できる場合は、短期的な報酬を我慢して努力したり学習したりすることができ、報酬は人間のあらゆる行動のモチベーションを支えています。

この快楽物質という「ご褒美」なしに、人間は何かに繰り返し打ち込んだりすることはできません。

そして、報酬系が分泌する快楽物質には中毒性があります。一度、気持ち良いと脳が感じると何度も繰り返しやりたくなってしまう性質があります。

あるラットの実験で、ラットの報酬回路が存在する脳の中脳と言われる部分に直接電極を刺してボタンを押すと電気が流れドーパミン神経系を刺激する装置を作ると、自ら進んでボタンを押し続けたそうです。

一度、報酬回路を電気で刺激することによって人工的に快楽をもらえることがわかったラットは、1時間に数千回もボタンを押し続けて、死ぬまでこの動作を繰り返したらしいです。

このラットの実験はちょっと怖いですが、それほど報酬回路が分泌する快楽物質は生物にとっては「甘美」な刺激であり、生物の行動を強力に動機付けていることがよくわかります。

進化する、脳が欲する「報酬」の種類

ここから、先ほどの経済システムを作る上で必要な5要素を脳の報酬系の視点から考えてみます。

①明確な報酬があること、そしてその報酬は生物的な欲求と社会的な欲求を満たすものであること、と前述しました。

一方で、**脳の報酬系は欲求が満たされた時だけではなく、報酬が「期待できる状態」でも快楽物質を分泌することがわかっています。**

例えば、実際に好きな異性と会って話をしなかったとしても、メッセージの通知があるだけで報酬系は刺激され快楽を感じているはずです。

ただの「情報」であったとしてもそれが報酬系の刺激とセットで記憶されると、また似た場面でも同じようにその情報を見た時に快楽を感じるようになります。

つまり、**人間の脳は経験や学習によって快楽物質を分泌する対象を自由に変化させることができる**ということになります。

ＬＩＮＥの通知や、フェイスブックやインスタグラムの「いいね！」に多くの人間が快楽を感じて四六時中気になってしょうがないという状況も、１００年前の人間からしたら考えられませんが、これも私たちの脳が環境の変化によって何に快楽を感じるかが変化してきた証とも言えます。承認欲求もＩＴなどのテクノロジーと結びつくことで肥大化し、今や食欲などの生理的欲求とも並ぶ（人によってはそれ以上の）社会的な欲求の代名詞になりました。

今後、ＶＲなどの新たなテクノロジーが発達してくると、その時には人間は今とは異なる状況に快楽を感じて、新しい欲望を生み出しているでしょう。

脳は飽きやすい――変化と不確実性

さらに前述した②リアルタイムと③不確実性という２つの要素も、脳の報酬系の仕組みに関係しています。**脳は、一言で言えば非常に「退屈しやすい」「飽きやすい」性格を持っています。**

なので、長時間変化の乏しいような環境であったり、予測可能性の高いような場合は、脳内の報酬系が刺激されにくいのです。例えば、頑張っても頑張らなくても自分の給与は変わらず、毎日同じことを繰り返し、予測通りの数字が上がっているような職場だったら、あなたは楽しいと思うでしょうか？

おそらく大半の人が快楽や刺激とは程遠いはずです。脳は確実な報酬が予測されている状況下では、快楽を感じにくいのです。

反対に、**脳は予測が難しいリスクのある不確実な環境で得た報酬により多くの快楽を感じやすいということが研究でわかっています。**さらに、自分の選択や行動によって結果が変わってくる場合には刺激や快感はさらに高まります。

例えば、こんな職場はどうでしょう？

収入は自分の働きによって大きく変わり、頑張ったら頑張った分だけ増える。ただ、市場の競争環境は毎週変わり、世の中の動きや競合他社の動きを常にウォッチしていく必要があります。あなたは自分で営業戦略を決めて動くことができ、それが当たれば大きなリターンがあります。

もちろんこのような職場では、脳内でドーパミンが大量に分泌されて、そこであなたが自分で立てた戦略の通りに成功させれば、大きな「達成感」が得られるでしょう。次の月はもっと頑張りたいと思うはずです。


なぜ、脳はこのような変化の激しくリスクの高い状況でより多くの刺激と快楽を感じるようにできているのでしょうか？　おそらくこれは、生物が自然の中で生き残る上で重要な機能だったと考えられます。


人間の祖先の猿を含む野生動物は天敵に襲われる身の危険を感じながら、食料を日々探し求めて生き延びる必要がありました。

まさに食うか食われるかの自然界。ちょっとした気候の変化や疫病でもすぐに死んでしまう可能性のある中で常に緊張感を持っていなければいけなかったはずです。当然そんなストレスのある状況下では知性の高い生物ほどまいってしまいます。

そこで快楽物質というご褒美を与えることで、リスクのある状況下でも積極的に動いていけるモチベーションの源泉を手に入れました。

人間が今でも変化の激しいリスクのある状況での報酬に大きな快楽を感じるのは、自然の中で生き延びてきた生物が環境に適応するために身につけた習性だと言えます。

快感は他人との比較によって高まる

さらに特徴として④ヒエラルキー（序列の可視化）をあげました。これは一番わかりやすいと思いますが、**人間は他者との比較の中で自分が幸福か不幸か、優れているか劣っているかを判断する相対的な生き物です。**

例えば、テストで100点を取ったとして、全員が100点の場合と、自分だけが100点の場合では感じ方が全く異なるはずです。プロ野球選手のイチローのように、黙々と自分の限界に挑戦し続けることに快楽を覚える人もいるとは思いますが、**大半の人の脳は周囲と自分を比較する物差しがあったほうが、より刺激や快楽を感じやすいという性質を持っています。**

背の高さや外見などわかりやすいものであればいいですが、集団が大きく比べる対象が複雑かつ目に見えないものであるほど、比較するための目盛りや順位や序列などのヒエラルキーが必要になります。

この共通の基準が可視化されることで、集団での自分の立ち位置がわかるようになります。当然、**母集団の中で他人より優位にある場合は大きな精神的満足を得やすく、不利な立場にある場合は不幸を感じやすいことになります。**

そしてこの、**他人より比較優位にありたいという欲望が、人間が継続的な努力をする原動力となり、これを集団の全員が思うことで全体が発展していくことができます。**

ゲームとは報酬回路を人工的に刺激する「優れた装置」

この**脳内の報酬系の仕組みをフル活用した装置が、私たちがよく子供の頃に（場合によっては今も）遊んだ「ゲーム」です。**優れたゲームほど、適度に私たちの報酬系を活性化させ、人々を熱中させるように作られています。

例えば、ゲームのある面を自分の工夫と努力によってクリアし、あなたはボーナスを獲得したとします。その時にあなたは「達成感」と「満足感」を味わい、脳内の報酬系が刺激されて快楽物質が分泌されます。

さらに難しい面に挑み、クリアし、さらなる達成感を得ます。より多くの達成感が欲しくなり、やり続けるうちにあなたはこのゲームにどんどん「ハマって」いきます。

オンラインゲームの場合は、さらにこれにユーザー同士のコミュニケーションや競争という要素が加わるので、さらに熱中度は高まります。ゲームをクリアしたという達成感だけでなく、仲間とのコミュニケーションで得られる楽しみや、競争での勝利によって満たされる承認欲求など、報酬回路を刺激する要素が盛りだくさんです。

ゲームの存在は、目に見える「リターン」がなかったとしても、仕組みによって人間の脳の報酬系は刺激されて快楽物質を分泌し、特定の行為に熱中するようになる証明とも言えます。ゲームを作っている人がこうした脳の仕組みまで理解して設計しているわけではもちろんないと思いますが、結果的にヒットするゲームには、報酬系を刺激する要素が必ず含まれています。

つまり、**金銭的な対価を一切求めずに、経済システムを作ろうとするとゲームに近づいていくことになります。**昨今の優れたサービスや組織が、ゲームの手法を真似た「ゲーミフィケーション」を取り入れているのを見てもわかる通り、ゲームというものが私たちの脳を直接的に刺激する仕組みを凝縮したものであることは間違いありません。

現在、先進国ではものもサービスも飽和状態にあり、商品を売るだけでは人々を惹きつけることができなくなりつつあります。

物を持たないで生きる「ミニマリスト」が多くなっているのを見てもわかる通り、ものの魅力はどんどん下がっていっています。多くの人が娯楽や体験を通した精神的な満足に対して魅力を感じるようになってくると、ゲーミフィケーションや脳の報酬系への理解が経済活動にますます求められる時代になっていくでしょう。

快楽物質は強力すぎる諸刃の剣

ここまで読み進めると、**脳の報酬回路はまるで万能薬のように思えるかもしれませんが、実際は効きすぎるので「飲みすぎ厳禁」の「栄養ドリンク」と考えてください。**また、報酬系から分泌されるドーパミンなどの快楽物質には強い中毒性・依存性があります。

アルコール中毒、恋愛中毒、仕事中毒など、何かにハマりすぎて四六時中没頭してそれなしでは生きられなくなってしまった人たちがいます。あれは報酬系がおかしくなってしまった場合に起こる症状です。快楽物質は強力な動機付けを行いますが、その力に頼りすぎるといつか無理が出てきてしまいます。

典型的な例に、外資系の投資銀行があります。外資系の投資銀行は就職ランキングで常に上位にあり、実際に入社するのも転職するのもハードルが高いです。ただ、収入は世の中にある職業の中でも最上位に近く、20代でも人によっては年収が億に届く場合もあります。金銭や承認の欲望が最も満たされる職場です。ただ、仕事は激務が多く、案件の成功によって報酬もとんでもなく変動しますし、失敗ばかりしていると普通に解雇されます。

市場の変化は非常に激しく、まさに生き馬の目を抜くような環境です。本人たちはかなり報酬系が刺激されてドーパミン等がドバドバ出ている状態だと想像できます。そんな脳が刺激されるような理想の環境でも、4、5年経つと辞めて違うキャリアを選びます。多くの投資銀行出身者に理由を聞くと「精神と身体が持たない」という答えが返ってきます。

脳は疲れない器官だとされていますが、脳の司令によって動く身体や、その環境にさらされ続ける精神は間違いなく消耗します。脳は快楽物質の分泌によって喜んで次の行動を指示しますが、身体や心は休息が必要です。

快楽物質を浴びすぎればバランスを崩します。格闘漫画などにある、短期的に力が数十倍になるけれど後で「代償」が必ずあるような必殺技のようなものです。

何事も適度な量というものが存在するので、もし何かの経済システムを考える立場に読者の方がいる場合は絶対に悪用はせずに、バランスを見ながら適度に報酬系を刺激する仕組みを取り入れてください。

「自然」は経済の大先輩

経済という大きな枠組みを私たちの脳との関係で語ってきましたが、今度は反対に、経済をさらにより大きな枠組みと比べてみたいと思います。

経済というもののメカニズムを研究していく中で、経済と最もよく似ていると思ったのが「自然界」でした。

自然界も私たちが生きている社会の資本主義経済も同じように残酷な世界です。自然界で弱っている生物が一瞬で餌となるのと同様に、資本主義経済も競争力のない個人や企業はすぐに淘汰されてしまいます。

自然界は、ご存知の通り、食物連鎖と淘汰を繰り返しながら全体が1つの「秩序」を形成して成り立っています。そこには、もちろん「通貨」なんてありませんが、食物連鎖（食べる－食べられるの関係）を通して「エネルギー」を循環させています。

個と、種と、環境が、信じられないほどバランスの取れた生態系を作っており、しかも常に最適になるように自動調整がなされています。

自然界では人間社会にあるような法律を、誰かが作っているわけではないので、自発的にこの仕組みが形成されたということになります。

この、経済と自然の比較をしている時に、自分は大きな勘違いをしていることに気づきました。

「自然が経済に似ている」のではなく、「経済が自然に似ていたからこそ、資本主義がここまで広く普及した」のだということです。歴史から考えても主従が真逆なのです。

こう考えると、自分が感じていた未来の方向性を決める3つのベクトルの中で、「経済」が最も力が強いと感じていたことに妙に納得ができました。

つまり、経済のベクトルは「自然にもともと内在していた力」が形を変えて表に出てきたものであり、自然とは経済の「大先輩」みたいな存在、ということになります。

経済と自然の根底にある同一システム

経済が自然を模した仕組みでありその一部であると捉えた時、自然の構造をより深く考察してみたくなりました。

自然がここまでバランスよく成り立っている要因としては、前述の「極端な偏り」「不安定性・不確実性」というネットワークの性質に加えて、さらに３つの特徴があげられます。

①自発的な秩序の形成

まず１つ目が、ルールを作っている人がいないにもかかわらず、簡単な要素から複雑な秩序が自発的に形成されているという特徴です。

水は特定の条件下に置くと六角形の結晶を形作ります。**誰かがルールを決めているわけでもないのに、勝手にこうした秩序が形成される現象は「自己組織化」もしくは「自**

発的秩序形成」と呼ばれます。

②エネルギーの循環構造

次に、エネルギーの循環、代謝の機能です。

自然界で暮らす生物は食物連鎖を通してエネルギーを循環させ続けています。

生物は食事などによって、常に外部からのエネルギーを体内に取り入れ、活動や排泄を通して外部に吐き出します。

熱力学の世界では時間が経つと秩序のある状態から無秩序な状態に発展していくとされていますが、**自然や生命はこのエネルギーの循環の機能があるため秩序を維持することが可能だと言われています。**

たとえるなら、流れの激しい川の中で、水車が回転しながら流されずにその場所に留まり続けることができることに似ています。

③情報による秩序の強化

最後に、右記の秩序をより強固にするために「情報」が必要になったと考えられます。

もし、この世界が完全に決定論的な規則で成り立っていたり、反対に完全にランダムの世界だったとしたら「情報」の必要性はありません。**「情報」が必要になるのは「選**

有機的なシステムの３要素
①自発的な秩序の形成
②エネルギーの循環構造
③情報による秩序の強化

択」の可能性がある場合だけです。

つまり、生命が「情報」を体内に記録し始めたのは選択の必要性がある環境だったからと考えられます。「情報」が内部に保存されることで、構成要素が入れ替わっても同じ存在であり続けることができるのです。

私たちも新陳代謝によって毎日細胞を入れ替えていますが、内部に保存された記憶や遺伝子などの様々な情報のおかげで同じ人間として活動を続けることができています。

以上の３つの性質を簡単にまとめると、**「絶えずエネルギーが流れるような環境にあり、相互作用を持つ動的なネットワークは、代謝をしながら自動的に秩序を形成して、情報を内部に記憶することでその秩序をより強固なものにする」**となります（長い！）。

この自然に内在している構造を、物理学者プリゴジンは「散逸構造（dissipative structure）」、生物学者バレーラらは「autopoiesis」、経済学者ハイエクは「自生的秩序（spontaneous order）」と呼び、みんな近い構造を指摘していました（プリゴジンとハイエクはノーベル賞を受賞しました）。

その他にも色々な呼び名がありますが、言っていることはだいたいこの3つに集約されます。

思い出してみると、老練な経営者や歴史的な偉人の名言でも同じような内容が語られていたりしますし、「諸行無常」「生々流転」なんて言葉もずっと大昔からあります。

企業経営を通して学んだ「ビジョン」の重要性

昔、起業したての頃によく先輩の経営者に「ビジョンや理念が重要だ」と言われることが多かったのですが、当時はその意味がよくわかりませんでした。

社員が数十人のベンチャー企業にとっては来月の会社の存続のほうがはるかに重要であり、自社の方向性や存在意義を言葉として定義するのは後回しになりがちです。

ただ、実際に会社が数百人規模になってくると、**自分たちの存在を「情報」として定義する、つまり「ビジョン」や「理念」を策定する重要性が身に染みて理解できるようになりました。**

ギリシャ神話に「テセウスの船」という有名な話があります。ボロボロになった船を修理するためにパーツを取り替えていき、最後には、全ての部品を取り替えてしまいました。その船は元の船と同じ存在と言えるのか？　という疑問を投げかけた話です。

企業も小さいうちはただの個人の集まりに過ぎないのですが、１００人以上の組織になってくると自分たちの存在を定義する「情報」が言語として共有されていることが重要になってきます。

時間の経過によって、新人が入ったり事業が変わったりは頻繁に起きますが、組織の存在を定義する情報（ビジョン・理念）が可視化されていることによって、同一性を保ち続けることができるからです。

先人の知恵は正しかったんだなぁ、と改めて実感できた体験でした。

有機的なシステムとしての経済

自然を3つの特徴（自発的秩序・エネルギーの循環・情報による秩序の強化）を持つ有機的なシステムとして眺めてみると、全く関係ないように見えるものも、自然と同じような構造で動いていることに気づかされます。

生命・細胞・国家・経済・企業まで、いずれも無数の個が集合して1つの組織を作っており、いずれも動的なネットワークとして機能しています。

人間は個々の小さな細胞が寄り集まってできており、各細胞や器官は密接に連携してネットワークを形作っています。食料などのエネルギーを外部から絶えず取り込み、情報は脳内や遺伝子に記録されて細胞が入れ替わっても同じ形を維持することができます。

国家も同様に個人のネットワークで構成され、各々が連携しながら1つの共同体を維

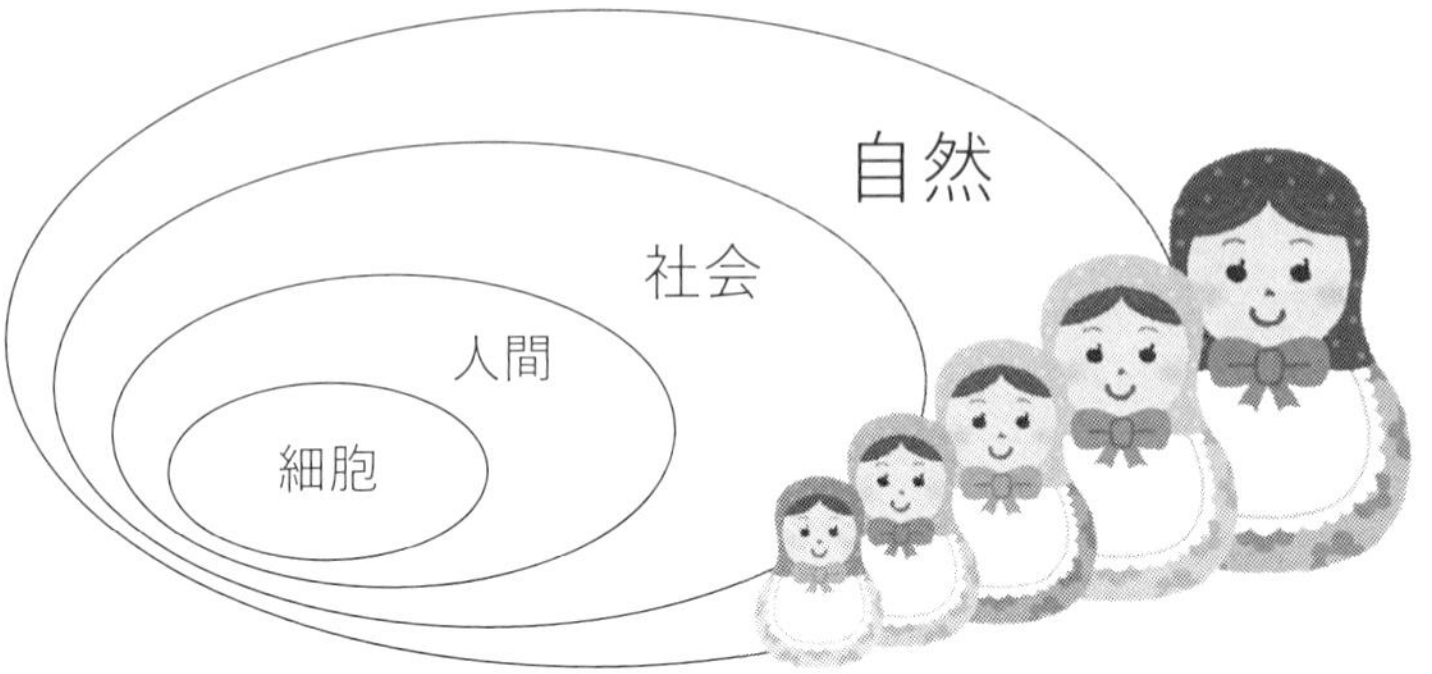

持していきます。赤ちゃんが生まれたり移民が来たりと人員は流動的ですが、法律・文化・倫理・宗教などの「情報」によって構成員が変わっても同じ国家であることを認識することができます。

マトリョーシカ人形のような入れ子の構造

興味深いのは、入れ子のような構造が続いていることです。

自然の中に社会があり、社会の中に企業があり、企業の中に部署があり、部署の中に人間がいて、人間の中に器官があり、器官の中に細胞があるといった風に。

どのスケールでのぞいても同じ構造が続いているようで、まるでロシア民芸のマトリョーシカ人形のようです。

雪の結晶が、顕微鏡で見ていくと延々と似た構造の繰り返しが浮かび上がってくることに似ています（フラクタルと言います）。

社会ではそれぞれ、違うものとして名前をつけていますが、構造的には、全て同じものとして捉えることができます。

自然の秩序に反したルールの危険性

これらの自然に内在する力と、それに似た経済のベクトルの強さを考えると、ある着想が湧いてきます。

それは「**自然の構造に近いルールほど社会に普及しやすく、かけ離れた仕組みほど悲劇を生みやすい**」という視点です。

この仮説を証明する典型例が、マルクスの「社会主義」です。

資本主義の問題点を指摘して、多くの人の共感を得た思想です。つまり感情のベクトルは捉えていました。しかし、結果的にはうまくいきませんでした。

①私利私欲を否定、②政府がコントロールする経済、③競争の否定。

つまり、これまで紹介した自然の性質とは正反対の仕組みを採用したことになります。これにより、個人の労働に対する意欲は低くなり、お金も循環しなくなり、やがて社会は活気を失いました。結果的に経済成長率の低下と技術革新の停滞が深刻化したのです。**人間で言えば新陳代謝の機能がおかしくなった状態です。**

自然の性質と遠い仕組みになるほど機能不全を起こすという現象は、国家の競争力でも同じことが言えます。

アメリカや中国で商売をしていると、変化が激しく、お金・人材・情報もすごい速度で動いていています。特にアメリカは大量の移民を受け入れ、経済も自由競争を推奨し、雇用の流動性も高めることで強制的に新陳代謝を上げて世界最大の経済大国に成長しました。あらゆるものの流動性が高いことに気づきます。

一方で、成長が止まった国（例えば日本や韓国）を見ると、資本や人材や情報の流動性は高くありません。つまり、**社会の循環が止まっています。大企業はずっと大企業で**

すし、年功序列と終身雇用が前提、資本や人材の流動性を高めないように設計されています。

総じて、歴史の大惨事を引き起こした思想の多くは自然の構造とはかけ離れています。**現在機能している社会システムは過去の人たちが何千年もかけて試行錯誤を繰り返した結果であり、私たちは今も手探りで「自然の輪郭」を明らかにする過程にあるのかもしれません。**

そして「進化」とは循環を繰り返していくことによって生まれる副次的な変化であり、「テクノロジー」とはその進化の副産物のようなもの、「豆腐を作った時に出てきた湯葉」みたいな存在、と考えることができます。

ダ・ヴィンチには見えていた〝ひとつの世界〟

経済の根底には脳の報酬回路がある、そして経済と自然はよく似ている、という話をしました。さらに、**実は脳そのものも経済とそっくりな構造をしています。**

人間の脳は神経細胞という特殊な細胞群が互いに結びつき、複雑なネットワークを構築して成り立っています。脳内の神経細胞の数は大脳で数百億個、小脳で1000億個、脳全体では千数百億個にもなると言われています。このネットワークは神経回路と呼ばれ、神経細胞は電気信号を発して情報をやりとりし、細胞同士が繋がったり途切れたりを繰り返しながら組み換わっています。まるでSNSで繋がってチャットしている人々みたいです。

経済も自然も脳も、いずれも膨大な個体で構成される有機的なネットワークであり、情報やエネルギーを交換しながら全体がまるで1つの生き物のような振る舞いをします。そして、情報やエネルギーが循環する過程で、構造を複雑化させて進化していきます。自然は土と海しかない状態から植物や生物が溢れる複雑な生態系へ。経済は貝殻を使っていた頃から、資本市場を形成し通貨は社会の中心へ。脳は赤ん坊の単純な脳から、複雑で高度な思考が可能な大人の脳に発達していきます。

これらは、私たち人間の感覚からすると「似ている」という表現になりますが、人間的な文脈を無視して、機械がデータとして「構造」のみを分析したら「同じもの」と判断するかもしれません。私たち人間はコミュニケーションを取るためにあるものと他のものを区別して名前をつけます。そうでないと会話ができないからです。

規模や外見で区別して人間は「名前」を増やしてきましたが、目に見えない構造を扱うことは苦手です。つまり、**人間の認識のフィルターを通して見ると違うものとして区別されているけど、自然や経済や脳はもともと同じ「出発点」にあった存在と考えることもできます**。さらに、数十年経つとこのような構造も、テクノロジーの力を借りて、自らの手で作れるようになっていると予想しています。

次章で説明していくテクノロジーの進化によって、人間の認知能力は向上し、今以上に複雑な構造も直感的に理解できるようになるはずです。そこでは、部分的な法則性だけではなく、無数の個が相互に作用しあうネットワークを全体として理解し、さらに時間の経過による変化まではっきりとイメージできるような感覚を身につけていると思います。

経済・自然・脳のように、複数の個が相互作用して全体を構成する現象は「創発」と呼ばれます。今後はこのような構造を使いこなす「創発的思考」とも言える思考体系が必要になってくると考えています。

『モナ・リザ』を描いて芸術家として有名なレオナルド・ダ・ヴィンチは、音楽、建築、数学、幾何学、解剖学、生理学、動植物学、天文学、気象学、地質学、地理学、物理学、光学、力学、土木工学など様々な分野で類い稀な才能を発揮し、あまりにも何でもできるので「万能人」と呼ばれていました。ただ、私は彼が多才であったという点では違う考え方を持っています。**それは、ダ・ヴィンチには「全て同じものに見えていたのではないか」という仮説です。**

彼が生きた時代は学問は今ほど細分化されていませんでした。ダ・ヴィンチは宇宙や自然を含んだ万物に対する類い稀な探究心と創造性を持っていた人物であり、それが様々な面で発露した結果、彼が多才なように多くの人の目に「映った」のではないかと思います。つまり、彼はこの世界の全てを理解するという「1つ」のことに長けた天才だったのではないかという予想です。彼は著書の中でこんな言葉を残しています。

「私の芸術を真に理解できるのは数学者だけである」

私たちからすれば全く関係ないように思える「芸術」と「数学」を、彼は同じものと捉えていたのかもしれません。

似た人物に、ニュートン等と並んで「微分」を見つけたゴットフリート・ライプニッツがいます。ライプニッツは数学者として有名ですが、哲学や科学や政治など幅広い分野で活躍した人物です。**ライプニッツはダ・ヴィンチとは逆に、すでに存在している様々な分野の学問（法学、政治学、歴史学、哲学、数学、経済学、物理学）を統一して、「普遍学」という1つの学問に体系化しようと考えていました。**

ダ・ヴィンチと同様に、ライプニッツも、これらは切り口は違うが同じものを説明している学問だと認識していたのかもしれません。ただ、あまりにも難解で独特なものの見方だったため、世の中に普及はしませんでした（実際に今読んでも難しいです）。おそらくライプニッツも自分が感じていたことの1割も言語として落とし込めてはいなかったのではないかと想像しています。

社会の中で細分化して分類されてきた概念も、違う角度から見ると実際は全く同じ構造が隠れていることが多いのです。この一見異なるものに存在する「普遍性」、共通する「パターン」を見つけられると、未知の事態にも臨機応変に対応できるようになります。

ただ、過度のパターン化は危険ですので、**ある仮説が思い浮かんだらビジネス等の現実世界に当てはめて「実験」してみることが大事です。**現実世界での仮説検証を通じてさらに現実を深く理解できるようになり、また次の仮説が見つかります。

私たちがダ・ヴィンチやライプニッツよりもはるかに有利なのは、彼らの時代には存在しなかった様々なテクノロジーを私たちは活用できるという点です。次章ではこのテクノロジーを中心に経済がどのように変化していくのかを紹介していきます。

第2章

テクノロジーが変えるお金のカタチ

テクノロジーの変化は点ではなく線で捉える

本書はお金や経済に特化した本ですので、テクノロジーのトレンドを説明していくということはしません。ただ、経済の変化を考える上で、テクノロジーの発達は避けられない点もあるので、いくつかに絞って書いていきます。

ビッグデータ、ＩｏＴ、ＡＩ、ブロックチェーン、ＡＲ、ＶＲなどＩＴ業界は日進月歩で1年ごとにバズワードが出ては消えを繰り返しています。

私の前著『未来に先回りする思考法』でも書きましたが、**テクノロジーの変化を見る時は「点」ではなく「線」で捉えることが大事です。**日々登場するＩＴ業界のバズワードを追っていっても、それぞれを「点」で見ていては何も見えてきません。

テクノロジーの変化を「線」で捉えるとは、現在の社会システムがどんな課題を解決

するために作られたものなのかの「原理」を正しく理解し、最新のテクノロジーはそこにどのような変化を起こすのかを1つの「現象」として理解することを意味します。

例えば、クラウドコンピューティング、ビッグデータ、IoT、AIなどは切り口を変えただけで1つの大きな流れの側面だけを切り出して名前をつけたものです。従来ソフトウエアとして使われていたものがクラウド上で管理できるようになり、どんなデバイスからでもアクセスできるようになった。クラウドで管理することによりネットワーク上に膨大なデータが溢れるようになり、膨大なデータが溢れたことで機械学習などが発達し、センサーからあらゆるものとものの通信も可能になりました。これらは1つの流れであり、それぞれが連鎖して次の現象を引き起こしていく性質があります。

まずは、**バズワードよりも今世の中に起きている変化を1つの現象として理解することが大事です。**それが見えてくると次に起きる変化もある程度は予測できるようになり、次々に登場する流行にも冷静に向きあうことができるようになります。

今起きているのはあらゆる仕組みの「分散化」

では、お金や経済の世界において最もインパクトのある現象、大きな変化の流れとは何でしょうか？　もちろん１００年という単位で考えると難しいですが、**これから10年という単位で考えれば、それは「分散化」です。**

「分散化」とは一部の業界を除いて会話で使われることは滅多にありませんが、これは既存の経済や社会のシステムを根本から覆す概念です。

なぜなら、**既存の経済や社会は、「分散化」の真逆の「中央集権化」によって秩序を保ってきたからです。**組織には必ず中心に管理者が存在し、そこに情報と権力を集中させることで、何か問題が起きた時にもすぐに対応できる体制を作ってきました。そしてこれが近代社会では最も効率的な仕組みでした。

それは、**近代社会が「情報の非対称」を前提に作られているためです。**情報が偏って存在し、それぞれがリアルタイムで完全に情報共有できないことを前提に、代理人や仲介者を「ハブ」として全体を機能させてきました。

必然的に〝力〟は中央のハブに集まるようになります。現代で大きな影響力を持つ組織を眺めても、このハブが重要な役割を担ってきたことがわかります。

国家においては政府に、議会政治であれば代議士に、企業であれば経営者に、物流であれば商社に。近代社会では情報の非対称性が存在する領域に仲介者や代理人として介在することで、情報の流通を握り権力も集中させることができました。そして、この情報の非対称を埋めるために代理人として介在すること自体が重要な「価値」でした。

ただ、現在は全員がスマートフォンを持ち、リアルタイムで常時繋がっている状態が当たり前になりました。これからは人間だけでなく、ものとものも常時接続されるのが当たり前の状態になります。**私はこれを「ハイパーコネクティビティ」と呼んでいます。**

この状況がさらに進むと、オンライン上で人と情報とものが「直接」かつ「常に」繋がっている状態が実現します。**そうすると中央に代理人がハブとして介在する必然性はなくなり、全体がバラバラに分散したネットワーク型の社会に変わっていきます。**

この状況では、情報の非対称性は消えつつあるので、間に入っている仲介者には価値はありません。むしろ情報の流れをせき止めようとする邪魔者になってしまいます。

そうなってくると、これまで力を持っていた代理人や仲介者はどんどん価値を提供できなくなっていき、力を失っていきます。**分散化が進んでいくと情報やものの仲介だけでは価値を発揮できず、独自に価値を発揮する経済システムそのものを作ることができる存在が大きな力を持つようになっていきます。**

つまり、この「分散化」という現象は近代までの社会システムの前提を全否定する大きなパラダイムシフトであり、中央集権的な管理者からネットワークを構成する個人への権力の逆流、「下克上」のようなものです。

ＩＴ企業は「個人をエンパワーメントする（力を与える）」という表現を使うことが多いですが、これはまさに従来の代理人が持っていた力を奪って個人に分け与えていることに等しいのです。仲介者としての立ち位置を守ることに注力するのではなく、分散化の中で力をつけていくだろう「個人」をサポートする側に回ることで自らも力をつけるという戦略。時代の流れにはこちらのほうがマッチしています。

インターネットは「距離」と「時間」の制約をふっ飛ばして、情報を瞬時に伝達するテクノロジーなので、むしろネット本来の力がここに来てようやく発揮されてきたと言えます。

次項からは、この分散化の流れの一部として現れた新しい経済システムを具体例を交えて紹介していきます。UBERやAirbnbに代表される「共有経済（シェアリングエコノミー）」、仮想通貨やブロックチェーンなどを活用した「トークンエコノミー」、YouTuberやインフルエンサーとファンなどが作る「評価経済」などです。

この3つは全く別のもののように見えますが、度合いは違えどそれぞれ分散化が引き起こした大きな流れの一部です。

分散化する社会とシェアリングエコノミー

共有経済（シェアリングエコノミー）と呼ばれるサービスは、社会が常に繋がって分散している状態ができて初めて機能し得るものです。本書を手に取った方であれば説明は不要かもしれませんが、シェアリングエコノミーの代表例としてよくあげられるのがＵＢＥＲとAirbnbです。

ＵＢＥＲは本来タクシー会社がドライバーを束ねて展開している配車サービスを、個人のドライバーをネットワーク化し個人と結びつけるアプリで提供することで大成功しました。

ＵＢＥＲは配車サービスを行っているものの、車を所有しているわけでもドライバーを社員として雇っているわけでもありません。ＵＢＥＲはただドライバーと個人をネットワーク化しているだけです。ＵＢＥＲの企業価値は５兆円以上と言われ、これはフォードやＧＭなどの世界的な大手自動車メーカーの時価総額を上回ります。

Airbnb は空き部屋や空き家を提供したい個人とそこに泊まりたい個人をマッチングするいわゆる民泊サービスです。**こちらもＵＢＥＲと同様に、Airbnb は不動産を所有しているわけではなく、ただの個人と個人を繋ぐネットワークを構築し、支払いの仲介や、レビューによる信頼性の担保など、よく回る１つの経済システムを作っているだけです。**設立からわずか８年で、３兆円以上の企業価値を誇る世界的な企業に成長しました。

日本ではご存知の通りメルカリが急成長して日本初のユニコーンになりました。

これらのサービスは、個人が余ったリソースを直接的に共有しあうことでコストを大幅に削減できるメリットがあります。ネットが生活のあらゆるところに浸透してきたおかげで、共有できる範囲が地球全体に広がり、巨大な経済として機能し始めています。

シェアリングエコノミービジネスは、分散している状態でネットワーク化した社会での成功例の典型で、運営者に必要なのは「主体」としてサービスや商品を提供していくことではなく、「黒子」として個人をサポートしていくことに尽きます。

そこではいかに優れた経済システムを設計できるかが全てです。遊休資産を活用して収入を得たい個人を対象に、適切な報酬の設計を行い、誠実に運営をして顧客満足を追求する人はレビューによって評価を可視化され、さらに多くの収入を得ることができるようにする。ユーザー同士がチャットやコメントを通してコミュニケーションを取れる機能を提供し、ユーザーの手によって勝手に発展していくようなサイクルを作る。

シェアリングエコノミーは、ネットワーク化した個人を束ねて1つの経済システムを作り、人間には煩雑な支払いや中立性を求められるレビューのような最低限の機能だけを代理人として提供する立ち位置です。

それは**近代の「代理人型社会」とこれからの「ネットワーク型社会」の良いところを混ぜたハイブリッド型のモデルと言えます。**

中国がリードするシェアの世界

シェアリングエコノミーが最も進んでいるのは中国です。

アメリカや日本は既存の社会インフラが整備されており、新しいサービスが出てきても既存サービスとの摩擦が起こり、法律の修正が必要になるので、浸透までに比較的長い時間が必要です。

一方、中国はここ10年で急激に成長したので、既存の社会インフラが整備されていないことが多いです。そのため、新しいサービスが出てくるとものすごい勢いで一気に浸透します。このような現象は「リープフロッグ現象」と呼ばれます。

中国では店舗での支払いはスマホでの決済が主流になっていますし、ものを買うのもネットがメインなので、上海のショッピングモールもレストラン以外はガラガラです。**私の会社の中国のメンバーも「財布を落としても使わないから1週間気づかなかった」と話していました。**

あらゆる店舗やサービスでAlibabaのアリペイやTencentのWeChatを使って支払いができます。店によっては現金での支払いを受け付けていないところも存在しています。

そして、テクノロジーや新しいビジネスモデルの発祥地は、シリコンバレーから中国の上海などにシフトしています。中でもC2Cの個人間取引では、中国独自のビジネスモデルが多数誕生していて、アメリカや日本の起業家も中国に注目しています。

ここ最近急激に普及したサービスだと、自転車のシェアリングです。日本でも自転車のシェアリングは昔からありますが、中国ほど普及しているわけではありません。中国ではMobikeという企業が一番有名で、特徴としては料金の支払いから鍵の解除まで全てスマホで完結し、なおかつ好きな場所に乗り捨てられることです。

モバイル決済の普及によって誰が使ったかは完璧に把握できる上に、GPSによって一番近くにある自転車もすぐに検索できます。上海でもここ1年で一気に普及し、競合サービスもたくさん出てきて、街中にシェアリング用の自転車が溢れています。

自転車シェアリングが中国で普及した背景には、朝の通勤ラッシュなどの交通の混雑があるようです。中国は東京のように駅と駅の間の距離が近くないのと、人口も多いので朝などは渋滞が多くて通勤に不便です。

乗り捨てられる自転車であれば気軽に使いたい時だけ使えるので、上海の道路事情とマッチしていたようです。**トップシェアのMobikeは設立から1年ちょっとで３０００億円以上の企業価値を誇り、１０００億円近い資金調達に成功しています。**

「評価経済」でまわる中国

同様に、シェアリングエコノミーとちょっと文脈は異なりますが、中国は7億人以上のスマートフォンユーザーが存在し、また中国人の平均年齢もまだ30代と若く、新しいサービスもスピーディーに取り入れていく土壌があります。

その巨大なネットワーク上では、様々な個人が情報を積極的に発信し、インフルエンサーと言われるたくさんの人々から注目されている個人が消費に対して凄まじい影響力を持っています。

このように他者からの評価によって回る経済は、「評価経済」と呼ばれて、日本でも２０１１年ぐらいから話題になっています。中国で最も稼ぐと言われているインフルエンサーはZhang Dayiという名前の29歳の女性で、ソーシャルメディア上で５００万人のフォロワーがいて、年収は50億円を超えます。ちょっとした日本の上場企業よりも稼いでいることになります。

中国ではスマホ決済が整備されている点、既存インフラが未整備な点、平均年齢が若く新しいものに対する感度が高い点から、企業が介在せずに個人間で経済が完結するような仕組みが多く存在します。

中国のライブ動画配信などは今や超巨大な市場を形成しており、4億人が使う一般的なサービスになりました。スマホでリアルタイムに動画配信を行い、視聴者と会話を楽しんだり、歌や芸を披露したりする人もいます。ユーザーは面白いと思ったら有料のアイテムを購入してその人に送ることができる「投げ銭」機能があり、配信者は受け取ったアイテムを換金して自分の報酬とすることができます。

人気の配信者は平均月収の数十倍を稼ぎ、ライブ配信のみで月収1000万円以上稼ぐ若い女性も出てきており、ちょっとした社会現象になっています。

2015年でライブ配信の市場規模は2000億円を超え、2016年には5000億円以上の規模に達したと予想されています。日本のモバイルゲームの市場規模感に近づいてきています。

このように、従来は企業と個人の間が主流だったお金のやりとりが、ネットワーク型の社会に移行すると個人から個人への流れがメインになり、そこには今までとは全く異なる経済が発展しつつあります。

国家を代替するトークンエコノミーの可能性

シェアリングエコノミーをさらに推し進めたのが、トークンエコノミーです。シェアリングエコノミーはEコマースやソーシャル的な側面から語られることが多く、トークンエコノミーは仮想通貨やブロックチェーンの文脈から語られることが多いため、2つは全く違うものと捉えられがちです（実際にエンジニアのスキルや業界も違います）。

しかし、**この2つは「分散化」という大きな流れの中の延長線上に存在するものと考えたほうが良いでしょう。**

トークンとは、仮想通貨の根っこで使われているブロックチェーン上で流通する文字列のことを指す場合が多く、一般的には仮想通貨やブロックチェーン上で機能する独自の経済圏をこう呼ぶようになりましたが、正確な定義があるわけではありません。

トークンエコノミーと、既存のビジネスモデルの大きな違いは、経済圏がネットワーク内で完結している点です。従来のビジネスモデルでは、国家が通貨発行者として円やドルなどの法定通貨を発行し、企業や個人はその通貨でプレイヤーとしてビジネスや生活をします。当然ですが、通貨発行者と生産者や消費者は区別されています。

トークンエコノミーでは、特定のネットワーク内で流通する独自の通貨をトークンとして生産者が発行して、完全に独自の経済圏を作り出すことができます。通貨であるトークンにどのような性質があり、どんなルールで流通するかも企業や個人や組織が自分たちで考えて自由に設計することができます。つまり、**国家がやってきたことの縮小版を、トークンを用いて企業や個人が手軽にできる仕組みです。**かつ、流通させることもできるので、これまで価格のつきにくかった曖昧な概念もデータとして認識できればトークンにして市場価値をつけることができます。

大規模なトークンエコノミーの例としては、メッセンジャーアプリ「Kik」が発行する「Kin」が期待されています。Kikはカナダ発のメッセンジャーアプリで、英語圏の10代を中心に世界で月間１５００万人以上のユーザーがいます。日本のＬＩＮＥのようなアプリと考えてもらえればいいです。Kikはマネタイズという面ではこれまであまり成功してきませんでした。また、先行するフェイスブックやスナップチャットなどの競合がたくさんいました。

そこでKikはアプリ内で活用できる独自の仮想通貨を発行してコミュニケーションを起点に独自の経済圏を作ることを計画しています。

例えば、Kik内でユーザーの活性化に貢献するようなコンテンツをアップしてくれたクリエイターにはKinを報酬として支払うといった使い道や、メッセンジャー上で広告が表示された場合にはユーザー側もKinを報酬として受け取るなどの使い道が想定されています。従来のメディアではユーザーは広告を見せられても不快なだけでしたが、Kikでは広告が表示されることでKinがもらえるのです。

このようにKikはユーザーや外部のクリエイターの利益に繋がる経済圏の構築まで目論んでいます。Kinはもちろんビットコインと交換してそこから現金に換えることもできますし、Kinの価格が上昇した場合は差額が保有者の含み益になります。KikはICO（仮想通貨ベースでの資金調達のこと）を実施して100億円以上の資金調達に成功しています。

通常のビジネスとトークンエコノミーでは収益の出し方や利益に対する考え方が全然違うので頭の切り替えが必要です。

通貨を発行する存在が手にする利益を「シニョリッジ（通貨発行益）」と言い、国家の大きな財源になっています。超単純化してしまうと、通貨を発行するのにかかったコストから通貨の価値を引いた差額が通貨発行者の利益になります。また、通貨の所有者がいなくなってしまった場合などの失効益も発行者の利益になります。

トークンエコノミーでは、トークンを発行する企業や個人がこの通貨発行益を享受できますが、一方で発行者はトークンをもって経済圏の参加者の利益を最大化する義務が発生します。日本円を発行する日本政府が景気安定や治安の維持などの義務を負うのと同じです。

独自のトークンを発行しても、そこに参加する明確なメリットがなければ誰も来ませんし、一度来ても信用を失えばトークンを売却して経済圏からすぐに出ていってしまいます。トークンエコノミーはバーチャル上にだけ存在する経済圏で、国家と違って領土のようなものがあるわけでもありません。ちょっとの問題があるだけでも蜘蛛の子を散らすように参加者は逃げていき消滅してしまう不安定さがあります。**トークンの発行者は通貨発行益を得る代わりに優れた経済圏を作りそれを維持し続けなければいけません。**

トークンエコノミーでは、経済圏への参加者が増えれば増えるほど経済圏としての価値が上昇する「ネットワーク効果」が働きます。トークンもそれを信頼して受け取ってくれる人がいなければ何の意味もありません。

その経済圏に魅力を感じて参加してくる人が増えると、トークンを欲しい人が増えて好きなタイミングで手放せるので、それを持ち続けるリスクも減ります。

さらに参加者が増えることでそのトークンでの支払いを許可してくれる店やサービスも増えて、利便性が高まることでさらに参加者が増えるというように、自己増殖的に経済圏を拡大することができます。

トークン化する世界

さらに、**トークンはバーチャル空間上に存在するただの文字列データに過ぎませんが、現実世界のアセットと結びつけることで、あらゆるものの価値を可視化することができます。**

現在の法定通貨も数十年前は金と結びついており、ただの紙に過ぎない紙幣は金塊の価値に支えられていました。その後、金本位制の終了と共に、紙幣の価値を下支えするのは「国家の信用」のみとなりました。

トークンも、この金塊と同様に、現実世界の何かと紐づけることで、それ自体の価値を可視化することができます。商品や不動産のような目に見えて扱えるものの価値を可視化することも流通させることも難しくありませんが、従来は目には見えない「概念」の価値を可視化して流通させることは非常に手間でした。

例えば、影響力、信用、好意のような感情や、時間、サービスの機能、デジタルコンテンツ、文字などの社会的な概念は、従来の金融や経済では可視化することも算定することも難しく、これらが売上や利益に変わったタイミングで初めて価値を認識することができました。売買したり、市場に流通させることも非常に困難でした。

こういった曖昧な概念もトークンを活用すれば、好きに紐づけて流通させることで価値を可視化することができます。従来は証券業界がこういったことを専門にしていましたが、ネット化が進み金融の枠組みだけでは捉えることができなくなりつつあります。

トークンは、発行する人間が自由に設計することができ、その種類は主に3つに大別されます。設計によってはこのうちのいくつかの性質を組み合わせることもできます。

①通貨型トークン

最もシンプルでわかりやすいのが、何かの支払いに使える決済手段としてのトークンです。日本円やドルなどと一緒で、通貨とほぼ同じ役割です。例えば、何かのサービスの運営者が、そのサービス内で使えるトークンを発行し、そのユーザー間の支払いにもこのトークンを利用してもらうようにします。こうすることで、このサービスとトークンを持っている人の周辺に経済圏ができ、サービスの成功とユーザーの利害が一致します。トークンを多く持つロイヤルティユーザーはサービスが失敗したら損をするので、そのサービスの応援団のような役割を担ってくれます。

楽天ポイントやTポイントは昔からあるので日本人には想像しやすいと思います。あの仕組みがブロックチェーン上で誰でも簡単に作ることができ、かつ1ポイント＝1円のような固定相場制ではなく経済圏の参加者数や利便性に応じて交換レートも変わる変動相場制を想像してもらえればわかりやすいと思います。

一方で、特定のサービスにとどまらず広く流通するような通貨型のトークンを作ろうと思えば、それが使えるサービスを確保する必要がありますが、サービス側としては利用者が多くない限りはそのトークンで支払いを受け付けるメリットはありません。鶏が先か卵が先かの議論に陥ってしまいます。

通貨型のトークンは、実際に利用価値のあるサービスがまず先にあった上で発行し、多くのユーザーに使ってもらっていくうちに他のサービスでも使えるようにしていく形が良いようです。

②配当型トークン

特定のサービスや機能で上がった収益の一部を、トークン所有者に分配していくようなトークンも多いです。ただ、これは既存の株式や金融商品と近く、金融商品取引法上の規制が適用されることが増えてくるでしょう。アメリカのＳＥＣ（証券取引委員会）もこのタイプのトークンは証券であるとの声明を出し、金融法の枠組みの中で規制していくと語っています。

配当型のトークンは明確なリターンが存在していてわかりやすい一方で、詐欺やトラブルも多発しているため、各国の金融監督部門は規制を強めていくか、禁止していく方向になるでしょう。

③会員権型トークン

トークンを保有している人が特別な割引や優待を受けられる、会員権型のトークンも増えています。支払ったら消えてしまうものではなく、そのトークンを所有している間は特別な優待を受けることができる点が通貨型のトークンとは異なります。

こういった仕組みは昔から様々な領域で活用されています。例えば、アイドルのファンクラブだったり、レストランのお得意様向けの優待割引、株主向け優待、サービスのゴールド会員などです。

バーチャル上のトークンを活用することで、これらの仕組みを低コストかつ効率的に誰でも作ることができるようになり、オンライン上のサロンや特定のアプリ上で、より小さな領域にも適用できるようになります。これにより無数の小さな経済圏を作ることができるようになります。

完全に分散した経済システム：ビットコイン

最も規模が大きく最も成功しているトークンエコノミーは何かと言えば、当然ですが全ての始まりであるビットコインです。**ビットコインがよくできているのは、通貨発行益を受ける対象まで分散化が進んでいる点です。**前述したトークンエコノミーでは、トークンの設計者が存在し、設計者がトークンを発行して発行益を享受しながらも全体の経済システムをある程度コントロールしています。

一方で、ビットコインはマイナーと呼ばれるビットコインを採掘している人が実質的にはこの通貨発行益（この場合は採掘益と表現したほうが良いかもしれません）を得られる仕組みになっており、コンピュータさえあれば誰でもマイナーになってビットコインを採掘することができます。

もちろん、特定の資本力がある存在が大量のコンピュータリソースを用いて通貨発行益を独占し、ビットコインのエコシステムを「実質的に」支配することは不可能ではありません。ただ、特定のプレイヤーの支配を嫌がる人が増えれば、その人たちは別の経済圏に移動することもできますし、フォーク（分岐）して「暖簾《のれん》分け」してしまうこともできます。

実際に安価な電気代を強みにマイニングのシェアを取った中国のマイナーが、ビットコインの仕組みを自分たちの都合の良いように改変しようとしましたが、それに反対する人たちが別の仕組みを提唱して揉めて、結果的にビットコインとビットコインキャッシュの2つに分裂しました。

このように**特定の存在が経済システム全体をコントロールしようとすると、それに反**

対する人が離反して経済圏の価値が下がってしまうか、分裂してしまうことになるので、独占や支配が難しい仕組みになっています。

ビットコインは、ほぼ完全に分散化が進んだ経済システムとして機能し始めており、まるで自然界の生態系のように有機的であり柔軟なネットワークになりつつあります。

今後、**シェアリングエコノミーやトークンエコノミーも進化していくと、中央に一切の管理者が不在で自動的に回り、拡大し続ける有機的なシステムとして存在するようになることが予想されます。**

「自律分散」という次世代の成功モデル

これまでは、ネットの普及によって中央に管理人が存在する代理人型社会から、個人が密接に繋がったネットワーク型社会に変化している「分散化」という大きな流れがあることを提示し、その一部としてシェアリングエコノミーやトークンエコノミーを紹介しました。

ここからもう1つの重要な流れである「自動化」について簡単に触れておきます。グーグルが買収したDeepMindの作ったＡＩ「AlphaGo」が囲碁の世界チャンピオンに勝利したことで、多くの人が人工知能の発展を目の当たりにしました。

特にディープラーニングと言われる手法は、膨大なデータを機械に学習させることで特徴量の抽出を自動で行うことができます。機械に猫を認識させるために、猫という概念を人間が教える必要はなくなり、大量の猫の画像を機械に読み込ませれば猫の特徴を理解し猫かどうかを認識できるようになったということです。膨大なマシンパワーが必要になるといった課題はありますが、コンピュータの性能が上がればこのあたりは解決されるでしょう。

膨大なデータさえあれば現在人間がやっている知的労働の大半が自動化されるようになると知性さえも人間に固有の強みではなくなってしまう可能性が高いです。

世の中に膨大なデータが溢れたことで進んでいく「自動化」と、ネットワーク型社会に移行することで起きる「分散化」という2つの大きな流れは、今後の10年を考える上で非常に重要になります。

そして、**この2つが混ざった時に起こる「自律分散」というコンセプトが、多くの産業のビジネスモデルを覆すことになると私は思っています。**

「自律分散」とはあまり聞きなれない言葉ですが、全体を統合する中枢機能を持たず、自律的に行動する各要素の相互作用によって全体として機能する仕組みと定義されています。これだけだと何を言っているかわかりませんが、前述した自然界のように、絶対的な支配者や管理者がいるわけでもなく、個々の存在がバラバラに行動しているはずなのに、うまい具合にバランスを取りながら回っているシステムのことです。

典型例がインターネットやビットコインです。インターネットもビットコインも管理者はいません。しかし、問題があれば世界中の人々が頭をひねりながらアイディアを出して良い方向に持っていくように工夫します。それはまるで全体で1つの生き物であるかのようです。

ブロックチェーンなどの技術が中央集権的な多くの組織・事業・システムを分散化し、ディープラーニングなどの自動化技術が人間の代わりに全体を自動最適化するように動き、この**自律分散型の仕組みが次世代の成功モデルとして普及していく可能性が高いで**

す。

そしてシェアリングエコノミー、ブロックチェーン、深層学習、ＩｏＴなどは今は一見バラバラな技術トレンドのように見えますが、自律分散型の仕組みを実現するパーツであったことが徐々に明らかになってくると私は思っています。

いくつかそのようなプロジェクトも始まっているので、ご紹介します。

ＡＩとブロックチェーンによる無人ヘッジファンド

Numerai というプロジェクトをご存知でしょうか？　**Numerai は簡単に言うとＡＩとブロックチェーンによって運営される無人のヘッジファンドです。**意味不明に聞こえるかもしれませんが、これはすでに実在しているプロジェクトです。

通常は投資ファンドは出資者からお金を預かり、ファンドマネージャーが運用手法を決めて、クオンツなどが分析し、トレーダーがポートフォリオを調整して運用します。運用して利益が出たらそれを出資者に還元して、そのうちの一部がファンドの収入になります。

Numeraiはこの一連のプロセスをテクノロジーを活用して自律分散化する試みです。仕組みはこうです。匿名で1万人以上のデータサイエンティストが機械学習などを用いて投資モデルを作ってNumeraiにアップしていきます。

そしてそのモデルで運用された資金が実際に収益を上げた場合にはNumeraiが発行するトークンが成果に応じてデータサイエンティストに報酬として分配されます。トークンはビットコインなどと交換することができますし、そこから法定通貨に変換することもできます。

Numeraiは複数のテクノロジーを活用して投資ファンドを自律分散型の仕組みに変換しました。クラウドソーシングの手法を使って世界中に分散するデータサイエンティストをネットワーク化して、彼らが機械学習で作った投資モデルで自動的に運用し、成果に応じてブロックチェーン上に記述されたルールに沿って自動的に報酬を分配します。**データサイエンティストも投資家も全員が互いに誰なのかを知りません。**

より優れた投資モデルを作ることができたデータサイエンティストほど多くの報酬を受け取ることができるので、データサイエンティスト同士が競争してより良いモデルを作るという競争原理が働きます。

なおかつ、報酬はブロックチェーン上にプログラミングされたルールの通りに自動的に分配されるため、人間の恣意性は介在しません。

クラウドソーシング・人工知能・ブロックチェーンをうまく組みあわせることで、自律分散の仕組みを実現しています。これは投資ファンド以外にも様々な業態に応用ができ、人件費やオペレーションコストを劇的に下げて、今とは全く違う収益構造を実現します。

現状は、これらの技術を1社で全てカバーすることは難易度が高いです。ただ、技術の浸透と共にこれらの技術を扱えるエンジニアが増えていき、低コストで専門知識なしで使えるようになるはずです。**10年以内に誰でも安価に自律分散の仕組みを構築することができるようになるでしょう。**

中国の無人コンビニ

日本でも自分でバーコードを読み込んで会計する「セルフレジ」は存在しますが、中国はさらに先を行っています。先日、中国のスタートアップの「BingoBox」が完全に無人のコンビニをオープンさせて話題になりました。

仕組みも非常に面白いです。まずコンビニは電子施錠がされています。ユーザーは入り口のバーコードをスキャンして、WeChat のアカウントを認証しない限り中に入ることができません。認証が済むと、鍵が自動的に開いてコンビニの中に入れます。

商品をレジの識別エリアに載せると自動的に価格が表示されて、レジ画面に表示されるバーコードをスマホでスキャンして支払いが完了です。会計を済ませず商品を持ち逃げしようとしても入り口の鍵が開かないので、万引き犯はコンビニ内に閉じ込められてしまいます。

また、**中国ではSNSやスマホの決済に紐づいた信用スコアが存在していて、悪事を働くとこのスコアが下がり、SNSやスマホ決済の利用が凍結される可能性があります。**スマホで決済ができなくなると事実上あらゆるサービスで支払いができなくなり、圧倒的に不便です。

コンビニに入る時にSNSと決済のアカウントを認証しない限り入れないので、**ここで悪事を働くことは「割にあわない」と思わせることで犯罪を抑止しています。**

BingoBoxは特に目新しいテクノロジーを使っているわけではなく、すでに存在する決済の仕組みとスマートロックを組みあわせて、無人化を実現しています。こういった仕組みがそこらへんの空きスペースに設置できるようになると、それ自体が無人でお金を稼いでくれる大きめの自動販売機のようになります。

さらに発展系としては、この全国の無人コンビニで支払いに利用できる決済型トークンや、持っていると割引を受けられる優待トークン、営業収入の一部が分配されるような配当型トークンなどを発行することで、独自の経済圏を作ることもできます。そして、この無人のコンビニが不動産投資のように扱われることも考えられます。

IoT・AI・ブロックチェーンが絡みあうと、このように勝手に回り続ける経済圏を作ることができ、**従来のビジネスの収益構造を抜本的に変えてしまう破壊力があります。**

テクノロジーによって経済は「作る」対象に変わった

新しいテクノロジーの発達によって、経済は住む対象ではなく「作る」対象に変わりつつあります。かつて、経済を作るのは国家の専売特許でした。造幣局を作って金銀銅から硬貨を製造し、偽造が難しい技術を織り込んだ紙幣を大量に発行して、中央銀行が通貨供給量をコントロールするなど、経済を作るには莫大なコストと権力が必要でした。

今はスマホやブロックチェーンなどのテクノロジーを使えば、個人や企業が簡単に通貨を発行して自分なりの経済を作れてしまいます。ブロックチェーンを活用すれば価値を移転する際に発生する利益もネットワーク全体に保存されるため改ざんも困難です。

つまり、今目の前で起きているのは「経済そのものの民主化」なのです。

これと全く似た現象はかつて「知識」でも起きました。テクノロジーの発明によって社会が劇的に変化した例に「活版印刷技術」の発明があります。活版印刷技術が登場する前は、人間は知識を保存し共有する習慣がなく、知識とは口頭で伝承されるものでした。書物の作成には莫大な費用がかかるため、一部の特権階級を除いては作ることも読むこともできませんでした。

その当時は、知識は聖職者や貴族などの一部の人たちに独占されている状態にあり、市民は知識を入手する方法がなかなかありませんでした。15世紀にドイツのグーテンベルクが活版印刷技術を発明し、書物を安価に大量生産できるようになったことで社会は劇的に変わっていきます。一般市民が安く書籍を購入できるようになり、人類は知識を蓄積し共有できるようになりました。

そこから思想や哲学などの学問が生まれ、図書館や大学などの近代施設が作られていきました。知識を保存し共有できるようになった人類は急速に文明を発達させていきます。その後、産業革命が起こり、王様や聖職者は歴史の表舞台から姿を消します。代わって、資本主義と民主主義を味方につけた商人・知識人・軍人が社会の主役として何世紀にもわたって現代社会の基礎を築いていきます。

ご存知の通り、その後インターネットが誕生しグーグルが登場したことでこの流れはさらに加速し、知識は完全にコモディティ化します。「物知り」であることに価値はなくなりました。

これらの変化は全て、グーテンベルクが活版印刷技術を発明して「知識の民主化」をしたことによって引き起こされました。

同様に、今日のテクノロジーによって「**経済の民主化**」**が進み、万人が経済を自らの手で作れるようになると、今私たちが考えている以上に社会は大きく変化していくでしょう。**現代で「知識」そのものがコモディティ化されたことと同様に、「お金」そのものもコモディティ化し、今ほど貴重なものとは考えられなくなることが予想されます。

現在も知識は検索すれば誰にでもすぐに手に入ります。むしろその情報をどのように使いこなすかという活用法が重要になっています。同様に、**お金そのものには価値がな**

くなっていき、むしろどのように経済圏を作って回していくかというノウハウこそが重要な時代に変わっていくと考えています。

第3章

価値主義とは何か？

限界を露呈し始めた資本主義

１９９０年代後半に始まり、リーマンショックのあたりから現在の資本主義に対する懐疑的な流れが加速しているように感じます。リーマンショック以外にも金融危機は何度もありましたが、あの一件で金融の世界が実体経済とはあまりにもかけ離れたものになってしまったと感じた人は多いのではないでしょうか？

様々な金融スキームが考案されて、金融工学やらを駆使して複雑な金融商品を作っていった結果、一般の人たちにも作っている本人たちにも何を扱っているのかがわからなくなっていきました。

うちの会社でもよく色々な市場のデータの解析を行っていますが、**最も予測が難しい市場が株式市場や為替などの金融市場です**。小売やメディアなどは見るべき指標の数が多くありませんし外部要因による変化も限定的です。しかし金融市場は見るべき指標が多く、かつそれぞれの指標が複雑に絡みあっているため、予測は困難を極めます。また、一度法則性を理解したとしてもその予測モデルは外部環境の変化によってすぐに使えなくなってしまいます。

そんな扱いが難しい市場をそれっぽい数式によってパッケージ化して大量に販売していたので、リーマンショックのような金融危機は不可避でした。その反動で社会起業家やＮＰＯのような活動に注目する若手が増えたような気がします。

このあたりが多くの人が資本主義は行きすぎたと考えるようになっていった時期です。人間はバランスを取りたがる生き物なので、急速に豊かになった一方でその力に畏れを感じるようになるフェーズに入ったという認識を持っています。

資本主義と金融業界で起きたことは手段の目的化が進みすぎたことが原因です。本来、お金は価値の交換・保存・尺度などの役割を持っていて、銀行も証券も産業や人々の活動をサポートする存在でした。お金はそのツールに過ぎませんでした。

徐々に「お金を増やす」という手段の部分が強調されすぎるようになり、多くの人がそこしか見ないようになっていきました。結果的に、実体経済や人々の生活と全く関係ないところでお金だけが動くようになっていきました。

それと似た話で大学受験があります。将来、何かやりたいことがあって勉強するために大学に行こうと受験勉強をしていたのに、偏差値を上げることに夢中になって何のために大学に行きたかったのかを忘れてしまうことに似ています。

お金からお金を生み出し札束をただ積み上げ続ける世の中に対して、一部の人たちがそれってどうなんだろう？　と考えるようになっていきました。

資産経済の肥大化と金余り現象

実際に私たちが生活している経済は少なくとも2つの性質の異なる経済が混ざりあってできています。労働をして給与をもらい、コンビニに行ってお金を払うという一般的な経済は、「消費経済（実体経済）」と呼ばれています。大半の人はこの経済の中で生きているはずです。

もう1つが、お金からお金を生み出す経済、これは「資産経済（金融経済）」と区別されています。こちらの経済をメインに生きている人は資産家や金融マンなどのごく一部の人たちです。

ただ、**世の中に流通しているお金の流れの９割近くは資産経済のほうで生まれています。**普通に生きている多くの人からすると日々の生活で服を買ったりご飯を食べたりするために使っているお金の流れが、全体のお金の流通の１割にも満たないと言われると不思議に思われるかもしれません。株で食べている人や、金利収入で食べている人なんて滅多に見当たりません。

しかし、**統計上の数字では間違いなく多くの人が馴染みのある消費経済ではなく、少数の人が回す資産経済が大半のお金の流れを作っています。**

消費はものやサービスが介在するためやりとりに時間がかかりますが、お金からお金を稼ぐ場合は、コンピュータ上のデータの通信だけなので、スピードが全然違います。観光客が両替する金額と、投資銀行の為替ディーラーが売買する金額は桁が違います。

この１割ほどの消費経済の上に、９割の資産経済が乗っかって、全体の経済が成り立っています。資産経済は消費経済からの金利や手数料で成り立っているため、消費経済が少し変わるだけで大きく動いてしまいます。地震が起きた時の1階と100階を想像してもらえるとわかりやすいでしょう。

そして、今はこの消費経済に対する資産経済の割合はどんどん大きくなっていて、経済はより不安定な状態になっていっています。むしろ、人々は消費をしなくなっていて、先進国に関して言えば消費経済は縮小すらし始めているようにも感じます。ミニマリストが増え、ユニクロの製品のように安くて良いものが手に入り、車や家を購入しなくても普通に生きていけます。

一方で、**資産経済はどんどん拡大を続けていて、世界中で金融マネーは投資先を探してさまよっています。**もう利回りの良い金融商品などなくなってきているため、お金はあるけれど使う対象がないといった状況にあるわけです（あくまで資産経済の話）。日本では企業の内部留保金も過去最高の406兆円となっています。

ソフトバンクもサウジアラビア政府などから資金を調達して10兆円のファンドを作って世界中のテクノロジー企業に積極的に投資をしています。ウォーレン・バフェット率いるバークシャー・ハサウェイも10兆円の手元現金をどう使うべきかに頭を悩ませている最中です。

このように、資産経済の占める割合が大きくなりお金は色々なところに滞留し始めており、むしろ投資先のほうが枯渇している状況です。**資金調達が容易な環境にあるため、相対的にお金の価値そのものが下がり続けています**。逆に、増やすことが難しい、信頼や時間や個性のようなお金では買えないものの価値が、相対的に上がってきているとも言えます。

お金にはなりにくい「価値」の存在

既存の資本主義に多くの人が感じていたことは、「お金にはならないけど価値のあるものって存在するよね?」という点だと思います。例えば、ＮＰＯによる社会貢献活動だったり、地方創生のようなプロジェクトだったり。

お金の重要性があまりにも強調されすぎてしまったため、お金にならないもの、財務諸表で資産として認識されないものはまるで無価値であるような扱いを受けてしまいます。逆に誰もが存在価値を感じていないものではあるが、お金を操るテクニックがうまいがために大きな力を持っている場合もあります。

この**資本主義が考える価値あるものと、世の中の人の考える価値あるものの間に大きな溝ができており、それが多くの人が違和感を持つ原因です。**

資本主義の発達でお金の影響力がどんどん強くなり、人々が感じる価値とはかけ離れて増殖していきました。本来は人々が感じる価値があるからこそ、お金になるはずが、世の中の人が感じる価値とは関係ないところでお金だけが増えるようになりました。

お金と価値の関係はどんどん薄くなっていきます。お金は価値を置き去りにしてしまい、今はそれに疑問を感じる人が増えて真逆の方向への揺り戻しが起きています。

ＩＴなどの新しいテクノロジーが生まれると人間が作った概念は変化を余儀なくされます。それまで文字の記録手段として主流だったのは紙ですが、ＩＴの発達で文字を電子的に記録して自由に発信できるようになったので、紙は記録手段の１つの選択肢になりました。

別の見方をすれば、紙はＩＴの誕生でその影響力を大きく下げたとも言えます。同様に、ＩＴは価値のやりとりも電子的にやってくれる技術ですから、既存の「お金」を価値媒介手段の１つの選択肢に変えてしまう力があります。

つまり、今起きていることは、**お金が価値を媒介する唯一の手段であったという「独占」が終わりつつあるということです。価値を保存・交換・測定する手段は私たちがいつも使っているお金である必要はなくなっています。**

価値をやりとりする手段が現在の国が発行する通貨以外でも可能になると、ユーザーは自分にとって最も便利な方法を選んで価値のやりとりをするようになります。それが国の発行する通貨なのか、企業が発行するポイントなのか、ビットコインのような仮想通貨なのか、はたまた価値の直接交換なのかは人によって違うでしょう。

手段の多様化により人々が注力するポイントが「お金」という手段から、その根源である「価値」に変わることは予想できます。**価値を最大化しておけば、色々な方法で好きなタイミングで他の価値と交換できるようになっていきます。**「価値」とは商品のようなものであり、「お金」とは商品の販売チャンネルの１つみたいなものです。

例えば、貯金ゼロ円だけど多くの人に注目されていてツイッターのフォロワーが100万人以上いる人が、何か事業をやりたいと考えたとします。すぐにタイムライン上で仲間を募り、クラウドファンディングを通して資金を募り、わからないことがあればフォロワーに知恵を借りられます。

この人は、〝他者からの注目〟という貨幣換算が難しい価値を、好きなタイミングで人脈・金・情報という別の価値に転換することができます。1億円の貯金があることと100万人のフォロワーがいることのどちらが良いかは人によって答えが違うと思いますが、**ネットの普及で自分の価値をどんな方法で保存しておくか選べるようになってきています。**

社員の満足度を投資判断の材料にするファンド

企業の価値は財務諸表から判断されます。今年はどれだけの売上と利益を出したか、どんな資産と負債を持っているか、日々のお金は増えているのか減っているのか、こういった観点からいくつかの計算式をもとに企業の価値を測ります。

ただ、最近はこういった手法では企業の価値は測れなくなりつつあります。今の会計や税務はネットなどが誕生する前にできたもので、産業革命時のものを製造したり土地を売買したりするような事業を前提にルールが作られています。

ご存知の通り、先進国ではものが溢れていますから製造業は下火です。代わりにものを扱わないサービス業が中心になり、さらにＩＴなどオンラインのみで完結する事業にシフトしつつあります。

この産業のシフトの中で、ものや土地を前提に作られた現代の財務諸表では、企業や事業の価値を正しく評価できなくなりつつあります。もちろん無形資産として反映させることもできますが、それはほんの一部です。例えば、Ｗｅｂサービスをやっている会社にとっては、最大の資産は自社のサービスを使ってくれているユーザーですし、そこで得られた購買行動データも重要価値です。しかしこういったものは現在の財務諸表には一切反映されません。

以前、セプテーニの佐藤光紀社長と食事をしている時に非常に面白い話を聞きました。

海外の一部の機関投資家は、企業の従業員の満足度調査のデータを投資判断の参考に取り入れているらしいです。これは非常に理にかなった話で、**ＩＴなどの企業は財務諸表を見ていても、企業の競争優位性となる価値が一切反映されていないので、その企業の将来性を予測することは難しいのです。**

ものを扱わない企業、特にネット企業にとっては「人」が重要になります。優秀な人材が入社してくれて、やりがいを持って働いてくれるかどうかに企業の成長はかかっています。

シリコンバレーでもグーグルやフェイスブックやアマゾンなどが、優秀な人材に来てもらうために様々な福利厚生を充実させて、人材獲得競争を繰り広げています。**優秀な頭脳が集まる企業は革新的なサービスを打ち出し次世代を牽引することができ、優秀な人材が逃げてしまった企業は時代に取り残されて淘汰されていくのがＩＴの世界です。**

３年以上の中期的な成長を予測する上で、その企業がどれだけ人気があるのか、そしてそこで働く優秀な人たちは満足しているかどうかの数値をもとに、投資を判断するのは非常に理にかなった手法と言えます。

もしかすると将来的には従業員満足度のようなデータも「資産」として認識され、企業価値に織り込まれる日が来るかもしれません。

資産としては認識されないデータの「価値」

ものを扱わないネット企業で、財務諸表上の価値として認識されていないものの1つが「人材」、もう1つが「データ」です。

サーバ上に存在するデータは現在の金融的な考えでは存在しない価値のないものとして無視されています。ただ、ネット企業にとってはこのデータこそが価値であり、会員データ・購買データ・広告配信データなどを失った瞬間に廃業しなければなりません。

イスやパソコンなどの備品を失ってもネット企業は全然痛くありませんが、データを失ったら終わりです。そこではデータこそが価値であり、それがお金を稼ぎ出す「資産」なのです。現在の金融や会計などの枠組みは、この点をカバーしていないため、色々な不都合が発生しています。

まさか、2004年に1人のオタクな大学生ザッカーバーグによって作られた大学生向けの出会い系サービスのようなものが、その後日本最大の自動車メーカーであるトヨタの企業価値をはるかに上回る企業になるとは多くの人が予想できませんでした。

フェイスブックの企業価値が1兆円程度（現在は50兆円）の時にも売上や利益はまだとても小さく、財務諸表から企業の価値を判断する金融の人たちからしたらとんでもない「バブル」だと言われていました。ただ、その頃にすでにフェイスブックのユーザーは世界で数億人に達していて、広告費も投下していないのに勝手に人が人を呼び拡大し続けていました。

フェイスブックの最大の価値はユーザーのデータであり、これらの価値をお金に換えていないだけでした。もしこういったユーザーの行動データも資産として企業価値に反映させることができれば、こういった認識のズレも生まれなかったはずです。金融の枠組みはどんどん現実世界の価値を正しく認識できなくなっています。

例えば、フェイスブックが年商20億円しかないワッツアップを2兆円で買収しましたが、金融の観点から見ると高すぎる案件です。ただ、世界4億人のコミュニケーションを支えるインフラとしての価値を考えると妥当と言えます。

ワッツアップはその価値を現実世界の「資本」に転換する仕組みをまだ作っていないだけで、その転換をいつやるかというタイミングの問題になります。フェイスブックの

18兆円近い時価総額も世界12億人のソーシャルグラフという「価値」に支えられているので、彼らが資本の根源であるその価値を見て2兆円を払うのは、理にかなっていると考えられます。

もう1つ、例としてグーグルを見てみます。グーグルの時価総額は約70兆円で、これは日本の全IT企業の時価総額の合計よりもさらに大きいです。2016年度は売上8兆円・利益2兆円で、数字だけ見るとこれより大きい会社は日本にもありますから、割高のように感じます。

グーグルは検索エンジンやAndroidやYouTubeで得られる情報をデータとして蓄積し、それをAdWordsの広告システムで好きな時に現実世界の売上利益といった資本に転換する手段を持っています。現在の会計基準では情報（サーバ上のログ）を資産として計上することはできませんから、私たちがPL／BSから見る会社の規模と、現実世界での影響力に大きなギャップを感じると思います。

グーグルにとっては情報という「価値」も、売上利益という「お金」も、単位が違うだけで同じように映っているのかもしれません。彼らの持つ情報量があれば売上20兆円ぐらいは出せなくはないと思います（課金機会と広告露出を増やせば良いので）。もし情報をお金に転換する量を意識的に調整しているのだとしたら、実体はもっと巨大ということになります。お金が企業をコントロールするのが資本主義ですが、彼らの場合は企業がお金をコントロールしていると言えます。

右記の2社はどちらもＩＴ企業ですが、今後ネットがあらゆるデバイスに繋がっていき、全ての産業に浸透するようになると「ＩＴ企業」という分類は消え、全ての企業がＩＴを駆使した企業になっていくでしょう。テクノロジーの発達によってデータが「価値」として認識できるようになり、お金では計上できない「価値」を中心に回っている会社が成長しているのは、今の金融の枠組みが限界に来ていることを物語っています。

資本主義から「価値主義」へ

前述の例を見てもわかるように、資本主義上のお金というものが現実世界の価値を正しく認識・評価できなくなっています。**今後は、可視化された「資本」ではなく、お金などの資本に変換される前の「価値」を中心とした世界に変わっていくことが予想できます。**

私はこの流れを「資本主義（capitalism）」ではなく「価値主義（valualism）」と呼んでいます。２つは似ているようで別のルールです。資本主義上で意味がないと思われる行為も、価値主義上では意味がある行為になるということが起きます。

資本主義で一番大事なことは資本を最大化すること、簡単に言えば「お金を増やすこと」を追求することです。どれだけ人々が熱中して膨大なユーザーがサービスを利用してくれていても、それらが「お金」という形に換えられなければ資本主義経済では存在しないものとして扱われてしまいます。逆に、実際は価値がないものであっても、それをうまくお金・資本に転換できさえすればそれは評価の対象になってしまいます。

価値主義ではその名の通り価値を最大化しておくことが最も重要です。価値とは非常に曖昧な言葉ですが、**経済的には人間の欲望を満たす実世界での実用性（使用価値・利用価値）を指す場合や、倫理的・精神的な観点から真・善・美・愛など人間社会の存続**

にプラスになるような概念を指す場合もあります。

またその希少性や独自性を価値と考える場合もあります。欲望を満たすための消費としての価値は既存の資本主義経済では一般的に扱われているものですが、価値主義で言う価値とはこの使用価値に留まりません。

興奮・好意・羨望などの人間の持つ感情や、共感・信用などの観念的なものも、消費することはできませんが立派な価値と言えます。価値主義における「価値」とは経済的な実用性、人間の精神にとっての効用、社会全体にとってポジティブな普遍性の全てを対象にしています。

従来の価値は消費の観点からの使用価値をもっぱら扱ってきましたが、裕福になるにつれてものもサービスも飽和して消費や使用の重要性は減っていきます。一方で、興奮や共感などの精神的な充足や、社会貢献活動などの重要性は若者を中心にどんどん高まっています。

良い大学を出た超一流企業にも就職できるエリートがその道を選ばずにＮＰＯや社会起業家などに専念するのは、資本主義的には非合理的な選択に見えますが、価値主義的には合理的な意思決定とみなすことができます。

あらゆる「価値」を最大化しておけば、その価値をいつでもお金に変換することができますし、お金以外にものと交換することもできるようになります。お金は価値を資本主義経済の中で使える形に変換したものに過ぎず、価値を媒介する1つの選択肢に過ぎません。

人気のあるYouTuberほど、お金を失うことは怖くないが、ファンやチャンネル登録者を失うのは怖いと言います。これはYouTuberが、自分の価値は動画を見てくれるファンの人たちからの「興味」・「関心」であり、お金はその価値の一部を変換したものに過ぎないということをよく理解しているからだと思います。彼らにはファンやユーザーからの興味・関心という精神的な価値を最大化することが最も重要になります。

「資本」を最大化することから、資本の根源である「価値」を最大化することに焦点が移ると、世の中はどのように変わっていくでしょうか？　価値主義の特徴とそこから想像できる変化を紹介します。

「価値」の3分類

私たちが普段「価値」という言葉を使う時には、色々な意味が混ざりあって含まれています。実際は、世の中で使われている価値という言葉は3つに分類されます。それは①有用性としての価値、②内面的な価値、③社会的な価値、の3つです。

①有用性としての価値

これは最も馴染み深く資本主義がメインに扱う価値です。経済、経営、金融、会計などで価値という言葉が出たらこの有用性・有益性・実用性としての価値を指しています。一言で言えば、**「役に立つか?」という観点から考えた価値です**。現実世界で使用できる、利用できる、儲かる、といった実世界での「リターン」を前提にした価値です。基本的には現在の枠組みで資本に転換できるものを前提とした価値です。なので、直接的に次のお金に繋がらない、現実世界で利用できないものは有用性としての価値はないということになります。

②内面的な価値

実生活に役立つか? という観点とは別に、個人の内面的な感情と結びつけても価値という言葉は使われます。**愛情・共感・興奮・好意・信頼など、実生活に役に立つわけではないけれど、その個人の内面にとってポジティブな効果を及ぼす時に、価値があるという表現を使います。**有用性としての観点で考えると、個人が心の中でどんなことを思っているかは関係ありませんし、それらの感情が役に立つといったことはありません。感情は消費する、役に立つといった実用性とは無縁だからです。ただ、美しい景色を見た時、友達と過ごして楽しかった時、それらには価値があると表現しても特に違和感はないはずです。

③社会的な価値

資本主義は個人の利益を追求していくことが全体の利益に繋がるという考え方です。一方で、慈善活動やNPOのように、**個人ではなく社会全体の持続性を高めるような活動も私たちは価値があると表現します。**金融や経営の視点から考えると、社会全体の持続性を高めるような行動はただのコストに過ぎず、少なくとも価値があるとは言えません。ただ、砂漠に木を植える人たちや、発展途上国に学校を作ったりする人の行動に価値を感じる人は多いと思います。

このように一言で「価値」と言っても、私たちは3つの異なる概念を区別せずに使っていることがわかります。そして、いずれも私たちの脳の報酬系を刺激する現象であり、脳からしたら等しく「報酬」と捉えることができます。

資本主義の問題点をカバーする「価値主義」

資本主義の問題点はまさに①の有用性のみを価値として認識して、その他の2つの価値を無視してきた点にあります。ただ、実際に①の価値のみを追求して②と③を無視すると崩壊します。例えば、自社の利益のみを追求し、ブラックな労働環境で社員を酷使して何の社会的な意味も見出せないような企業は、優秀な人材も引き寄せられず、内部告発や社員の離反を招き、消費者からの共感も得られません。よほどの特権を持っていない限りは徐々に衰退していく可能性が高いです。資本主義社会でも実際は②と③を無視しては持続できなくなりつつあります。

価値主義で扱う価値とは、①有用性としての価値だけではなく、②人間の内面的な価値や、③全体の持続性を高めるような社会的な価値も、すべて価値として取り扱う仕組みです。そして①と比べて②や③は物質がなく曖昧であるがためにテクノロジーの活用が不可欠です。

裏を返せば、価値主義とは資本主義と全く違うパラダイムではなく、これまでの資本主義が認識できなかった領域もテクノロジーの力を使ってカバーする、資本主義の発展系と考えてもらったほうがわかりやすいと思います。

「共感」や「感謝」などの内面的な「価値」の可視化と流通

資本主義経済における資本に転換できる価値とは、実世界での実用性や使用価値を指すことがほとんどだと紹介しました。一方で、他者からの共感・好意・信頼・注目のような人間の内面的なものは既存の経済の中では価値として認識することは困難でした。

理由は単純で、これらの精神的なものは目に見えないからです。

これらは非常に曖昧なものです。ただ、経済的な価値として認識しにくいし、資本とは認められていませんが、確かに社会に影響を与えていることを私たちは知っています。

今後はこういった資本主義では資本として認識できなかった人間の内面的なものも、価値として認識することができるようになります。スマホが普及したことで万人が常時ネットに接続している状態になり、様々な内面的な反応もデータとして可視化することが可能です。

典型的なのが「注目・興味・関心」です。ネット普及以前は非常に曖昧で内面的な概念でしたが、ツイッターやインスタグラムなどのソーシャルメディアのおかげで、**その人がどれぐらいの人から注目されて興味・関心を持たれているかを数値として認識できるようになりました。**

また閲覧者数や反応数なども全てリアルタイムでデータとして把握できるので、自分の発言がどれだけ多くの人に関心を持ってもらっているかも可視化することができています。フェイスブックはさらに「いいね！」に複数の感情をのせたボタンを用意しているので、投稿に対してユーザーがどんな感情を抱いているのかも具体的に分類できるはずです。

内面的な価値も数字のデータとして認識できれば、それらは比較することができ、かつそのデータをトークン化することで内面的な価値を軸とした独自の経済を作ることもできます。このような内面的な価値を軸とした経済の例が、「評価経済」や「信用経済」です。次項で詳しく説明します。

最近、いくつかの会社で導入されている仕組みに、社内通貨があります。通貨の設計は企業によって違いますが、社員が毎月一定の社内通貨を保有していて、それを同僚に感謝の印として付与できるという仕組みにしているところが多いです。

これによって忙しい時に手伝ってくれた人や、他部署にもかかわらず協力してくれた人に対して「投げ銭」のような形で気軽にＳＮＳ上で付与できます。もらった通貨は後で経理で精算して給与に換えることができますし、貯めて他の人にあげることもできます。

この仕組みでは仕事を作ってくれた人に対する「感謝」という内面的な価値を通貨として扱い、社内のみで独自の経済システムを作っています。もちろんお金が欲しいから敢えて手伝っているという人もいるかもしれませんが、給与に比べれば微々たるものです。むしろここでの社内通貨はメンバー同士の人間関係を円滑にするための潤滑油のような働きをしています。

誕生日プレゼントやお土産も、実用性としての価値が重要なのではなく、気にかけてくれているという好意そのものが価値であることとよく似ています。

このように、これまで可視化することが難しかった人間の内面的な価値も、データとして可視化して流通させることが容易な時代になってきています。

「評価経済」の落とし穴

前述した、内面的な価値に着目した経済の典型例が、最近話題の評価経済や信用経済です。どちらも概ね同じ意味で使われていますが、お金ではなく、他人からの評価や信用などの人間の内面的な感情によって回る経済を指しています。ソーシャルメディア上で多くのフォロワーを抱えるインフルエンサーと呼ばれる層が、消費に対して大きな影響力を持ったり、メディアとしての役割を担ってきたりしている現象も、評価経済や信用経済の一部として語られています。

評価経済や信用経済は、現在のお金を中心とした経済とは拡大の仕方が異なります。多くは次のようなパターンを取ります。

まずソーシャルメディアなどのオンライン上で積極的に情報を発信します。そして、その情報がネットを経由して多くの人の関心を引くようになります。その情報を見て、それに共感や好意などの内面的な価値を感じる人が増えると、それがオンライン上の評価に繋がります。評価を得ることで、多くのファンやフォロワーが集まり、情報を発信することでさらに情報が拡散されやすくなり、情報が拡散されることでより評価を得る機会が増える、という雪だるま式の増殖を繰り返します。

いわゆる資本主義経済でお金からお金を増やした金融業と同じで、評価から評価を拡散力をテコに生み出していくということが可能になります。そして、この活動から蓄積

された影響力や認知や評価といった価値は、まるでお金のように色々なものと交換することも可能です。影響力を広告という方法でお金と交換したり、評価によって貴重な人のアポイントの機会という時間と交換したり、実際の通貨のように機能します。

これがトークンなどと紐づいて流通するようになれば、今以上に多くの人が、内面的な価値を中心に回る経済を体感するようになるでしょう。

一方で、評価経済や信用経済というものに対して何となくネガティブな印象を持つ人も多いと思います。その理由にも触れておきます。

なぜ多くの人が評価経済や信用経済に対して違和感を抱くのかというと、今話題になっている大半の仕組みが「評価」や「信用」ではなく、「注目」や「関心」に過ぎないから、ということがまずあげられます。

ネットのインフルエンサーが集めているのは、興味・関心・注目であって、世の中の人が考える評価・信用とは似て非なるものです。**敢えて奇をてらった発言で炎上を繰り返すような人は、確かに他人からの注目を集めていることは確かですが、世間一般で言う評価や信用を集めているわけではないはずです。**

アクセス数やフォロワー数などのデータは、興味・関心・評価・信用などが混同してしまっていて、それらを明確に区別できていません。その人が多くの人に評価されているのか、注目されているだけなのか、面白がって野次馬的に見られているだけなのかは現在のフォロワー数やアクセス数のような簡単な指標からは判断できないのです。もし、今目の前で起きていることが「注目経済」「関心経済」と表現されていれば、多くの方も納得できたでしょう。

実際は「注目」や「関心」に過ぎないものが、「評価」や「信用」という高尚な概念に「すり替わっている」ことに違和感を覚えている人が多いのだと思います。

もう1つの理由としては、**注目や関心などの特定の内面的な価値のために、共感や好意などの他の内面的な価値や、治安や倫理などの社会的な価値が犠牲になることがあるからです。**「注目経済」「関心経済」においての必勝パターンは、何を犠牲にしても注目と関心を集めることに尽きます。例えば、倫理的に問題のあるような行為をして、それを動画に収めてYouTubeにアップして炎上させて再生数を稼ぐといったこともよくやられています。確かにこれによって視聴者数は伸びて注目や関心は集まるでしょうし、再生数に応じてYouTubeから広告費も支払われるでしょう。

ただ、この動画を見た多くの人は、面白さや好奇心などの内面的な価値が刺激される一方で、共感や好意などの他の内面的な価値や、社会の存続に関わる治安や倫理などの社会的な価値が損なわれたと感じるはずです。**つまり、注目や関心を引くために、その他の価値を犠牲にするような行為は、多くの人にとって受け入れがたい**ものになってしまいます。

前述したような資本主義に対して懐疑的な人が増えたのも全く同じ理由です。資本主義では、お金を手段を問わず増やすことが良いとされてきました。まさに稼ぐが勝ちという言葉の通りに。

ただ、お金を得るために、詐欺や強要によって他人の内面的な価値を毀損したり、人生の全てを金儲けに捧げて心の余裕を失い自分の内面的な価値を犠牲にするようなことが増えました。

また、個人の利益を追求しすぎて、リーマンショックのような金融危機、経済格差によるテロや紛争の勃発、自然破壊や環境汚染のような、人類の存在が脅かされる、社会的な価値が犠牲になる場面を多くの人が目にするようになりました。資本主義が行きすぎたと多くの人が感じ始めたのは、実用性としての価値を優先しすぎた結果、内面的な価値や社会的な価値が犠牲になり始めたからです。

評価経済や信用経済も、注目や関心を集めるために、共感や好意を犠牲にしたり、倫理感や治安を犠牲にするような行為が目立つようになると、資本主義と同様に世の中がブレーキをかけるようになります。ある意味、多くの人が違和感を持ってこれらに接していることがブレーキの役割になっているとも考えられます。

前述のように、社会は絶妙なバランス感覚で成り立っています。ある特定の価値が過剰に持ち上げられて、他の価値を毀損し始めると、バランスを取るように揺り戻しが起きます。

評価経済や信用経済のメリットばかりが最近は強調されていますが、根本的にはどの仕組みも行きすぎると資本主義と同じような問題は起こり得る、ということを全員が認識しておくことが重要です。

社会的な価値・ソーシャルキャピタルの可視化

私たちが日々扱っているお金や不動産や株式は、マネーキャピタル（金融資本）と呼ばれ、どれだけお金が増やせるかという観点で評価されます。反対にお金が増えるわけではないが、社会全体にとって価値のある資本は「ソーシャルキャピタル（社会関係資本）」と呼ばれています。

アメリカの政治学者ロバート・パットナムが、ソーシャルキャピタルとは「人々の協調行動を活発にすることによって、社会の効率性を高めることのできる、『信頼』『規範』『ネットワーク』といった社会的仕組みの特徴」と定義しています。

ソーシャルキャピタルは、個人が繋がってできている社会が持続的に良い方向に発展していくために必要な「社会的なネットワーク」を「資産」と捉えるという考え方です。

資本主義は個人の利益の追求が全体の利益に繋がるという考え方ですが、行きすぎた利己主義は社会全体を崩壊させかねない危険性があり、その反省としてこういった概念が注目されるようになりました。

既存の経済ではマネーキャピタルを増やすことがうまい人（経営者・投資家）が大きな力を持っていましたが、これからはソーシャルキャピタルを増やすのに長けた人も大きな力を持つようになると思います。

共感の伝播を容易にするソーシャルメディアがあり、人々の反応をデータとして可視化することもでき、ブロックチェーンによってそういったデータはトークンとして流通させることもでき、ビットコインを活用したクラウドファンディングで国境を超えて価値を移動させることも容易です。

こういったテクノロジーの発展によって、お金は儲からないかもしれないけれど世の中にとって価値があると多くの人が感じられるプロジェクトは、経済を大きく動かす力を持てるようになります。

価値主義では、これまでは見えていなかったソーシャルキャピタルの価値を可視化した上で、資本主義とは別のルールで経済を実現することができます。

営利と非営利の境界線が消える

資本主義の基礎、「稼ぐ」という行為も変化してきています。消費者が世界中の情報にアクセスできるようになると、企業が消費者を騙したり、一方的に有利な条件でサービスを提供し利益をかすめ取ることができなくなってきます。例えば劣悪な商品だった場合には一瞬で口コミはネットを通して拡散し、その商品に興味を持ったユーザーが検索をした時にその記事を目にするようになります。

かつて企業は情報格差や政治的特権を活用して利益を上げることができました。今は消費者がネットを使ってあらゆる選択肢を調べて自力で最良の選択ができるようになってきています。ネットの集合知のおかげで消費者が劇的に賢くなりました。これからの時代は本当に価値のあるサービスを提供しない限りは利益を出しにくい、価値と利益がイコールで結びつく時代だと思っています。

一方で、以前はビジネスとしては全く魅力的には映らなかった研究開発的事業や社会貢献的事業も、それに価値を感じる支持者を集め、利益の出るビジネスとして成立しつつあります。

PayPal の創業者イーロン・マスクによって経営されているテスラ・モーターズは二酸化炭素の排出を抑えた電気自動車を開発しています。テスラの成功例を見て、既存の大手自動車メーカーも本腰を入れて電気自動車の開発に取り組むようになりました。大手がこぞって参入すればCO_2の削減とエネルギー問題は前進するかもしれません。その傍ら、スペースXという民間の宇宙ロケットを開発する企業を経営し、これまでの10

分の１のコストでロケットを作れるようにしました。宇宙ロケット開発などは本来はＮＡＳＡなどの政府機関の投資領域であり、民間企業が単独で取り組むにはハードルが高すぎるものでした。それらをベンチャー企業がビジネスとして成立させられるところまで来ています。

また貧困の撲滅というテーマは社会貢献的な非営利活動であるのが普通でしたが、グラミン銀行が行うマイクロファイナンスはそれを収益の出るビジネスという活動に置き換えました。

グラミン銀行はバングラデシュから貧困をなくしたいと考えたムハマド・ユヌスが貧困に苦しむ人々に少額を低金利で貸し出す金融機関です。慈善事業を持続可能なビジネスとして成立させることで、寄付金や政府に頼らずに数百万人が貧困から脱することに貢献しました。貧困は政治が取り組む問題とされがちですが、ユヌスは貧困をビジネスという経済のフィールドで解決する方法を見つけました（その後、ユヌスはノーベル平和賞を受賞しました）。社会の課題をビジネスとして解決する「ソーシャルビジネス」もこのユヌスが提唱した考えです。

そしてスマホやブロックチェーンなどのテクノロジーの普及によって、これらの社会的な価値を軸にした独自の経済圏を、グローバルで誰でも簡単に構築できるようになると、この流れは一気に加速します。

反対に「楽に儲かる」という動機で始められるビジネスの多くは、情報がオープンである世界では過剰な競争を発生させ最終的には満足な収益が出にくくなっています。

これら全体の流れを見ると、社会的に価値のある取り組みは利益を出しやすくなってきている一方で、利潤のみを徹底的に追求する事業は短期的な利益を求めすぎて消費者に避けられてしまうか、過剰競争に巻き込まれて長期的には収益を出しにくくなっているような気がします。数十年後には「営利」と「非営利」という区別はなくなっており、活動は全て「価値」という視点から捉えられるようになっているでしょう。

経済と政治の境界も消える

経済的な側面だけ見ると単位が変わっただけで大した変化ではないのですが、適用範囲を社会全体に広げてみるとけっこう大きな変化かもしれません。例えば、**「価値」という視点で見ると、政治と経済を明確に区別する意味がない**ことに気づきます。

市場経済は人間の欲望を刺激し「より良い生活をしたい」と思う人たちを支援する仕組みと言えます。その手段としてお金や市場があります。経済は個々人の生活のさらなる向上を目指す役割を担っています。

逆に、民主政治は全体の不満の声を吸収し、全員が納得できる意思決定を目指すための仕組みと言えます。その手段として議会や政府があります。政治は、特定の人たちのより良い生活のためではなく、全体の生活の向上を目指す役割を担っています。

この市場経済と民主政治が社会の両輪としてバランスを取った状態が現代社会だと考えられます。**市場経済が苦手な領域を民主政治が担い、民主政治では主導が難しい領域を市場経済に委ねる、**といった具合です。

これを価値という観点から捉え直すと、経済と政治はアプローチが違うだけであり、2つは同じ活動として分類することができます。

貧困をなくすというのは、本来は政治の課題でしたが、先ほど述べたように、ユヌスのグラミン銀行によって、経済のフィールドで解決することに成功しました。

グーグルやフェイスブックもまた、インターネットが使えない国の人々に無料でWi－Fiを提供しようと様々な投資をしています。それは彼らのビジネスを拡大する要因にもなりますが、ITのインフラが整備されていない地域の数十億の人たちにとってはその価値は計り知れないです。

価値主義では、提供する価値と経済的成功が密接に結びつくので、より多くの人に価値を提供しようと考えると、ビジネスは必然的に「公益性」を帯びるようになります。一方、民間組織が貧困撲滅などの政治的な目的を実現しようと思えば、寄付金や税金に頼らないビジネスとしての「持続可能性」が求められるようになってくるでしょう。

経済的な活動には「公益性」が求められるようになり、政治的な活動にはビジネスとしての「持続可能性」が求められるようになると、経済と政治の境界線がどんどん曖昧になってきます。価値主義とはその境界線に存在する考え方です。

ベーシックインカム普及後の、「お金」

ＡＩなどのテクノロジーが急速に発達していき、大半の労働は価値を失います。人間がやるよりも機械がやるほうがはるかに安価で効率的であるからです。**そうなると大半の人が失業してしまうことになります。**

そこで、ベーシックインカムの導入などを考える国が増えてくるでしょう。ベーシックインカムとは、生活するための必要最低限の生活コストを国民全員に支給する仕組みです。日本や欧州の生活保護のような社会保障を全国民に適用したものです。もしくは、巨大企業が公共サービスに近いものをほぼ無償で提供するなどして、生活コストを大幅に下げるという、企業による無償提供という意味でのベーシックインカムも考えられます。

例えば、グーグルが自社の製品しか利用できないけれど無料で住めるアパートのようなものを提供することも十分考えられます。その家は、グーグルのＷｉ－Ｆｉが無料で使えて、パソコンとスマホは全てグーグル製でChromeとAndroidがあり、グーグルHomeが置いてあり、家全体はグーグルNestによって制御されています。

グーグルはここでの人々の生活パターンをデータとして分析してサービスの改善に活用し、ユーザーは無料で生活することができる。おそらく気持ち悪いという人が多いと思いますので、気にならない人限定です。最低限の生活費を支給されることも、生活に必要なサービスを無償で提供されることも効果は一緒です。

これまで書いてきた通り先進国では必要最低限の生活をできる人が増えたために、物欲はどんどんなくなっていますし、お金以外のやりがいや意義を求める人が確実に増えています。

ここからさらにベーシックインカムによって働かなくても生きていけるという状態を全員が享受できるようになったら、私たちにとってお金はどのような存在になるでしょうか。少し想像を広げてみましょう。お金のために嫌な仕事をする必要もない。労働からもお金からも解放された状態になります。

当然ですが、お金の相対的な価値はさらに下がります。**現在はお金には人を動かす力がありますが、生活するためにお金を稼ぐ必要のなくなった人からすれば、お金はもっとあったら便利なものであり、なければならないものではなくなっているはずです。**なので、お金からは人の行動を変える魅力は失われます。現在の経済では最も強力なお金を稼ぎたいという欲望（金銭欲）が、報酬として機能しなくなることが想像できます。

そうなってくると、**ベーシックインカム導入後の人間は、今私たちが知っている人間とは全く別の生き方をするようになっているかもしれません。**現代の多くの意思決定の背後には儲かるかどうかという視点が深く関わっています。就職する場合に人気の企業は給料が高く潰れない企業です。そしてそういった会社に就職するためには偏差値の高い大学の卒業生であることが求められます。また、結婚相手の条件は、年収が重要視されます。生きていくこと＝お金を稼ぐことというのが常識だからです。

けれど、ベーシックインカムが普及したらその常識は間違いなく崩れます。働いてお金を稼がなくても生きていくことができるとしたら、お金を大量に持っていても今ほど羨ましいと思われることもなくなります。そうするとお金を稼げることが大きな強みではなくなってしまい、お金を稼ぐ能力も今ほどの価値はなくなります。

こういった希少性のあったものが誰もが簡単に手に入れられるようになり、その価値が目減りしてしまうことをビジネスの世界ではよく「コモディティ化」と言いますが、**ベーシックインカムはお金のコモディティ化を急速に推し進める一手になると思われます。**

「経済」は選べばいい

こういうテーマになると、「既存の経済」と「新しい経済」の優劣や比較が出てくるのは避けられませんが、ここで私が話したいのはそれとは真逆のことです。

本当に言いたいのは「複数の経済システムは並存し得る」という点です。

今の経済で優位な立場にある人にとっては新しい仕組みなど必要ありませんし、嚙みあわない人にとっては新たな仕組みが必要です。今置かれている各自の状況と個人の属性によって最適な答えは違います。統一的な枠組みが必要だったのは、物理的な制約があったからで、ネットが発達した現在ではオンライン上に無数のシステムが存在し得るので、１つの枠組みに全員を当てはめる必要はなくなっています。

ネットが十分に普及した世界では、「どれが一番正しいのか？」という考え方ではなく「どれも正しい、人によって正解は違う」という考え方が徐々に受け入れられても良いはずです。１つに統一しなければいけないというのは、レイヤー化された世界が技術的にありえなかった過去の時代の考えです。

つまり、**私たちがどんな職業につき、誰と結婚して、どんな宗教を信じ、どんな政治思想を持つのも個人の自由であるのと同様に、何に価値を感じて、どんな資産を蓄え、どんな経済システムの中で生きていくのかも自分で選んで自分で決められるようになっていく。私たちはその過程にあります。**

そこでは優劣を決めようとしたり自分の基準を他人に押し付ける必要は全くなく、ただ**個人が自分に最も適した経済を選んでいくという「選択」があるだけです。**

かつて経済をどう設計するかは国家の専売特許でしたが、ビットコインのように個人のアイディア次第で何兆円という規模の独自の経済を作り上げることができてしまう時代に私たちは生きています。莫大な資本も何千人というスタッフも不要で、必要なのは経済のメカニズムへの理解と自由な想像力だけです。

ついこの前、沖縄が琉球コインを発行して地域経済を盛り上げていくというニュースが出ていました。こういった流れは地方公共団体にとどまらず、銀行・民間企業・非営利組織・商店街・学校・ファンクラブ・個人にまで及び、簡単なプログラムさえ作れれば誰でも容易に通貨を発行して独自の経済システムを作っていけるようになるでしょう。

そこでは既存の国家では試せなかった色々な新しい経済のあり方が実験されていき、複数の経済圏が競争しながらより良いものが生き残っていくという競争と淘汰の原理が経済システム自体にも働いていくことが予想できます。反対に、参加者にとっては自分にとって一番良い経済を選んで生きていけるようになっていきます。

格差の問題は経済が1つしかない場合は致命的になりますが、複数存在していて自由に選べるようになれば今よりは和らげられるかもしれません。また、複数の経済同士が競争をしている場合は互いに抑制と均衡が働くので暴走しにくくなるというメリットもあります。

シェアリングエコノミーやブロックチェーンのように分散を促す技術によってサービスは分散していきますが、一方で経済システム自体も多様性が生まれて分散していくという「二重の分散」が進んでいくことになります。

例えば、現在の私たちは日本という国家が発行する日本円を軸とした経済に生きていて、会社から日本円で給与をもらっています。そしてコンビニやデパートなどの法人が運営するお店で消費をしています。日本円は日本政府が管理する中央集権的な通貨ですし、給与を支給する会社もその給与を消費するコンビニも、管理者が存在する中央集権的な仕組みです。

分散化が進んでくると、あなたは自分の資産をビットコインと日本円と楽天ポイントに分けて保有していて、シェアリングエコノミーのサービス上で自分で働いて得た報酬をトークンとして受け取り、個人間のネットワーク上で誰かから服を買ってそのトークンで支払っているかもしれません。この場合はあなたは複数の経済圏にまたがって存在しており、保有する資産も分散している状態にあります。稼いでいるサービスも、消費しているサービスも分散したネットワーク上でのやりとりで済ませています。

経済圏も複数に分散していて、その中に存在するサービスも管理者不在で機能する分散したネットワーク上で完結するということの状態を「二重の分散」と表現しています。

複数の経済圏に生きる安心感

かつて、村などの小さなコミュニティは、困ったことがあったらコミュニティ全体でお互いに助けあうという互助会のような役割を担っており、一種のセーフティネットのように機能していました。現在、都会では近所付きあいなどは限りなく薄くなり、マンションの隣に誰が住んでいるのかもよくわからないのが一般的になってきました。

もしシェアリングエコノミーやトークンエコノミーのような仕組みが普及すると、そこで誕生する無数の「小さな経済圏」に、セーフティネットのような役割を期待できるかもしれません。

現在の資本主義経済の中ではうまく居場所を作れない人も、全く違うルールで回るオンライン上のトークンエコノミーでは活躍できるかもしれません。また1つの経済の中で失敗したとしても、いくつもの異なるルールで運営される小さな経済圏があれば、何

度もやり直すことができます。

例えば、コミュニケーション能力が求められる職場ではうまく成果を出せないけれど、歌うのがうまい人がいたとします。ただ、プロとしてのオーディションに受かるレベルではないとします。

歌がうまいと現実社会ではカラオケの二次会で盛り上がるぐらいですが、これからはこういった経済的に無価値だと思われていた趣味も強みになります。仕事が終わった後にネット上に歌っている動画をアップして、サービス内で多くのファンを獲得したとします。そのサービスが発行するトークンを報酬として受け取り、そのサービスが拡大していけば初期から活動していたのでさらに人気を集めるようになります。結果的にユーザーが増えて競争が激しくなって前ほどの視聴者を集められなくなったとしても、サービスの拡大を通して受け取ったトークンの価値が上昇していれば人気を失ってもこれまでの活動は資産として残ります。

そのトークンを法定通貨に換えても良いですし、また別のサービスで同様の活動を始めるのも自由です。もしこれだけで暮らしていけるのであれば、苦手な仕事はもう辞めても良いかもしれません。

複数の経済圏が並行して存在すれば、既存のメインストリームの経済から外れてしまった人に対しても膨大な選択肢を与えることになり、選択肢があることによって多くの人がリスクを取って積極的に活動ができるようになります。1つの巨大な経済システムしか存在しないと、一度でも失敗したら再チャレンジが難しいという弊害があります。

「時間」を通貨とする経済システムの実験

最近ようやく手触り感をもってお金や経済のことを理解できるようになったので、自分がこの世にあって欲しいと思う経済システムを私も作ってみることにしました。私はお金のあり方以外にもう1つ長年考えてきたことがありました。それは「時間」についてです。今回は**お金と時間の2つの特徴を混ぜた「時間経済」を作ってみることにしました。**

私はこの本を書きながら「タイムバンク」という時間の取引所を作っています。これは、様々な時間を売買・保有・利用することができるマーケットプレイスです。専門家は自分の時間をタイムバンク上で売り出して資金を得ることができます。

ユーザーは自分の好きな専門家の時間を購入して利用することができます。時間には用途があらかじめ定められているので、決められた用途以外での利用はできません。

また、長期で専門家を応援したい場合は、時間を購入して保有し続けるということもできます。保有している時間は市場価格でいつでも欲しい人に売却することができます。

このプロジェクトでは、3つのことを実現できるかを試します。1つは、前述した経済を選べる時代を作るということ。あとの2つは、①個人が主役の経済、②時間を通貨とする経済。これらの経済が実現できるかどうかの実験です。

①個人が主役の経済システム

インターネットが誕生してこれまで大企業がやってきた業務を個人ができるようになりました。作家にならなくてもブログで自分の文章を公開できて、歌手にならなくてもYouTubeで自分の曲を配信し、お店を持たなくてもネットでものが売れて、会社に勤めなくてもクラウドソーシングなどで仕事を受けることができます。

ただ、個人が企業と同じように稼げているかと言ったらそんなことは全くなく、ネット上だけで生計を立てられているのはほんの一握りです。大抵の人にとっては副業の小遣い稼ぎの手段に過ぎません。ネットが普及して個人の時代と言われて10年以上経ち、実際にトラフィックは個人に紐づいていますが、経済活動においては大半が企業に依存しています。

では、個人は企業に比べて何が足りないか？ **現状の経済の中で、個人と企業の大きな違いは「資産」です。個人が「収入」を得る手段は増えましたが、個人が「資産」を得る手段がない限りは、個人は経済の主役にはなれないと思います。**

企業は日々の活動の中で様々な資産を積み上げていき、株式などの資産にレバレッジをかけて生産活動を拡大していくことができます。**企業の安定性は「収入」以上に「資産」にかかっていることは経営者であればよく理解していると思います。資産という点では企業に比べて個人は圧倒的に不利です。**

個人が企業と同じように専門性や影響力や信用力をもとに生きていくためには、毎日の「収入」を稼ぎながらも、日々の活動から「資産」を築き上げていくことが不可欠です。会社にとっての株式と同じように、個人にとっての「時間」を実質的な資産として機能させることができれば、個人も会社と同じように自分の価値にレバレッジをかけて経済活動を展開することができるようになります。

株式における配当収入や不動産所有者の家賃収入のように、もし最終的に時間を資産として持つ者がそこから定期収入を得ることができるようになれば、働かなくても生きていける人が増えるかもしれません。

例えば、一定以上の時間価値がある場合には、保有時間に対して一定の金額が毎月支払われる「時間利子」みたいな仕組みが実現できれば、それだけで暮らしていける人も現れるかもしれません。もしくは、時間を資産として認識できれば、時間を担保にお金を借りるということも可能です。

また時間に市場価値がついているのであれば、時間で「支払う」ということも可能になるかもしれません。

例えば、今タイムバンク上で1秒100円以上の価値がついている人が数人いますが、彼らがレストランで食事をした時に自分の10秒の価値で支払うことができれば、お店はその10秒を受け取って市場で売却して現金に換えても良いですし、その人の時間の価値がまだまだ上昇すると考えるのであれば10秒を持っておいて、１秒１５０円になったら売却する、なんてことも将来的には可能かもしれません。

②時間を通貨とする経済

経済システムを設計する時に、別に「時間」である必要性は全くありませんでした。ただ、自分が考える通貨の「アンカー（船の碇）」としては「時間」が相性の良いものでした。

通貨の「アンカー」とは文字通り、船が流されないように下ろす碇のように、通貨がふわふわと消えてしまわないように価値を下支えする「重し」を指します。アンカーの実在性が高いほど通貨は安定します。少し前は国家の発行する通貨のアンカーは金塊（ゴールド）でしたが、現在は実質的には主要国の信用のみとなりました。通貨というほどにまではなっていませんが、明確な資産として世の中に認められているものの１つに、時間と対をなす概念である空間（不動産）があります。

一方で、時間は昔から「Time is money.（時は金なり）」と言われていますが、目に見えにくい上に流動性を作りにくい性質から、財産として認識されてきませんでした。しかし、時間という目に見えなかった曖昧な概念も、ネットとスマホが普及したおかげで「データ」として認識できるようになりました。**システムにとっては空間も時間もただのデータに過ぎませんから、時間を本当に資産として扱える技術的な土台はすでに整いつつあります。**

時間が通貨や資本として良いのは、経済の「新陳代謝」という点で優れているからです。経済システムが衰退する原因は、新陳代謝の機能が失われて階層が固定化して淀んでいき、活力を失っていくためです。

利子や信用の仕組みでわかるように、現在の経済では、「金融資本」は時間が経つほど価値が増大していく性質を持っています。反対に、時間そのものが財産だった場合には時間が経つほど保有量は自然と減っていくので、自分が優位なうちに（若いうちに）行動しようとするインセンティブが強くなります。

例えば、20歳の若者と70歳の老人だと、想定される残りの保有時間は20歳の若者のほうがたくさんあります。使える時間は大量にありますし、購入者も若者が色々な経験をしてこれから時間の価値が上昇していくということが予想できますから、購入するリスクは低くなります。一方で、老人の場合はこれと全く逆のことが言えます。

そして経済というのはリスクを取って誰かが挑戦しない限り、回りません。経済が停滞していくのは、全員がお金を貯めておこうと考えて消費する人がいなくなるためです。

一方で、もしお金が時間の経過と共に消えていくとしたらどうでしょうか？　どうせ貯めておけないで消えていくのであれば、リスクを取ってやりたいことをやろうとすると思います。**時間そのものが通貨だった場合には、保存できない上、どうせ使わなければ自然消滅するので、これを使って何かをしようと考える人が増えるはずです。**

前述したゲゼルのスタンプ貨幣（一定期間に一定額のスタンプを紙幣に貼らないと使用できなくなる）と近いモデルです。時間を通貨とした場合は時間の性質から強制的に消滅していくので、スタンプ貨幣より強力です。

結果的に、時間を多く保有する者がリスクを取って挑戦するため、経済の新陳代謝が促されます。

よく「若者は時間はあるがお金はなく、老人はお金はあるが時間がない」と言われますが、時間が通貨となる経済では若者は時間とお金の両方を持って、好きなことにチャレンジできるようになります。それは既存の経済とは真逆の世界です。このような仕組みは少子高齢化社会でも経済を活性化させる手段になるかもしれません。

タイムバンクとＶＡＬＵの正体

ＶＡＬＵは小川晃平さんがやっている、個人の価値をトレードできるマイクロトレードサービスです。クラウドファンディングのように特定の用途ではなく、その人自身の活動を応援したい場合にその人の発行するＶＡというバーチャルトレーディングカードのようなアイテムを購入して支援することができます。ＶＡは誰かに市場で売ることもできます。

ＶＡＬＵは個人の価値に焦点を絞り、その価値を市場で決めてもらう仕組みです。そこには信用・影響力・評価・期待値など様々な価値が可視化されて織り込まれていくことが予想されます。

タイムバンクは時間という切り口でそこに価値を込めていましたが、いずれも原理は一緒で、これまで曖昧だけれども誰もが価値があると感じていたものをネットを使って可視化し、経済の原理を適用することで既存とは違うルールで運営される別の経済システムを作ったものです。

当然、今まで私たちが慣れ親しんできた経済とは異なる指標や、異なるルールが多数存在しているため、見る人によって不思議に映ったり、人によっては不快な感情を抱いてしまう場合もあるかもしれません。３００年近い歴史と試行錯誤がある資本市場に比べると改善点があるのは確かですが、既存の金融の仕組みも始まりは多くの人から懐疑の目を向けられたものでした。

実際にゴールドで作られた金貨から、兌換性のある紙幣に変わった時も多くの人は不安を感じていました。金本位制の終了によって紙幣がゴールドの裏付けを失った時も多くの議論を呼びました。しかし、それから数十年経って政府の信用に支えられた紙幣は通常通り機能しています。

今と違うルールで回る経済システムは今後も無限に誕生してきますが、それぞれの優劣を比較する意味はありません。それぞれの置かれている状況や、持っている常識も異なります。**各自が自分にあった経済を選び、それに対する需要があれば試行錯誤をしながら、その経済は残っていくはずです。**自動車が発明されても自転車がなくなるわけではありませんし、掃除機が発明されてもホウキがなくなるわけではないのと似ています。

デジタルネイティブからトークンネイティブへ

これまで紹介してきた経済の変化や、ビットコイン、ブロックチェーンなどの新しい技術は、これまでの経済の考え方とはかけ離れたものです。おそらく金融やコンサルなどの世界で10年以上やってきた方にとっては到底受け入れられないものだと想像できます。

実際にビットコインなどが世の中に出てきた時にも、金融系の方や経済系の学者は「中央管理者が不在の通貨などありえない」「新たな詐欺」という風な主張をしていました（最近は少なくなりましたが）。これは既存の枠組みに慣れ親しんだ人が、その既存の金融や経済の枠組みで新しいものを捉えて評価してしまうためです。

わかりやすい例で言えば、バスケを10年間やり続けた人にとっては、ボールを蹴るなんて行為は当然許されないことです。ただ、それがもしサッカーという新しい球技だったらどうでしょうか？　バスケもサッカーもボールを使う球技ですが、ルールが全く異なります。バスケの視点でサッカーを語る意味はないのですが、バスケひと筋で「球技＝バスケ」という認識が出来上がってしまうと、他の球技とわかっていてもバスケを基準に見てしまうのでしょう。

同じようなことがデジタルネイティブの話でも言えます。デジタルネイティブは学生時代からパソコンやネットが当たり前にある環境で育った世代です。一般的には１９８０年代生まれぐらいからを指します。

私も小学生の時からパソコンが存在していたので、パソコンがない時代というのが想像できず、パソコンが登場した前と後を比較することができません。携帯電話やインターネットも同様で、それらが存在する以前の世の中はどんな常識が存在して何が当たり前だったのか、それによって何が変化したのかがピンとこなくて、ただ目の前にあった便利な道具を使っているに過ぎませんでした。

しかし過去の記事などを調べていると、パソコンの登場時にも携帯電話の普及時にも色々な議論が世の中では巻き起こっていました。「劇的に社会が進化する」という内容もあれば、「犯罪に利用されてとんでもない社会になるから規制するべき」、という内容もたくさんありました。

これと似た話がSNSの普及です。SNSは2005年ぐらいからミクシィやグリーが大学生を中心に急激に日本でも普及していきました。当時大学に入学したばかりの私はただ便利で面白いサービスがあるから触って遊んでいただけでした。久しぶりに2005年当時の記事などを調べていたら、「SNSは出会い系や児童買春の温床になるから早く規制すべきだ」というジャーナリストや専門家の記事がたくさん出てきて驚きました。

当時は自分が何も考えずに当たり前に使いこなしていたサービスも、色々な議論を巻き起こし、社会との摩擦を経て10年で当たり前のインフラになっていったということなんだなと、社会人になってから気づかされました。

そして、今のビットコイン、ブロックチェーン、トークンエコノミーを見ていても、当時のSNSと似たものを感じています。私は社会に出て10年近く経っていますから、これらがなかった頃の世の中をよく知っています。なので、ビットコインなどが大きな物議を醸し、それが今までの社会の常識からかけ離れているのも理解できます。一方で、今の大学生にとっては既存の金融もビットコインも並列で存在していますから、偏見なしにストレスなくその存在を受け入れられるはずです。

Gumiの國光宏尚社長と食事をしている時に彼が「**トークンネイティブ**」という言葉を使っていて、非常に的を射た表現だと思いました。トークンネイティブの世代は、生まれた瞬間からビットコインやブロックチェーンに当たり前に触れて使いこなすことができ、今の私たちとは全く違う視点でお金や経済のことを捉えていることでしょう。その時には自分のようなデジタルネイティブの世代が思いつきもしないサービスがどんどん生まれるはずです。**デジタルネイティブ世代はトークンネイティブ世代が作るサービスが理解できなくなり、「規制が必要だ」という話をしているかもしれません。**

イギリスの作家ダグラス・アダムスが生前に面白い言葉を残しています。

人間は、自分が生まれた時にすでに存在したテクノロジーを、自然な世界の一部と感じる。15歳から35歳の間に発明されたテクノロジーは、新しくエキサイティングなものと感じられ、35歳以降になって発明されたテクノロジーは、自然に反するものと感じら

れる

私たちの脳は一度常識が出来上がってしまうとその枠組みの中で物事を考えたり判断するようになってしまい、新しく誕生した技術などをバイアスなしに見ることが難しいのです。今のシニアの方は四六時中スマホばかり触っている若者を見て不安がるでしょうし、私の世代が老人になる頃にはトークンエコノミーやＡＩを使いこなしＶＲに没頭する次の世代の人たちに不安を投げかけている絵が想像できます。しかし、そうやって新陳代謝を繰り返しながら世の中は進化を繰り返してきましたし、これからもこのループは続いていくのでしょう。

「価値主義」とは経済の民主化である

この章で紹介してきた価値主義とは、まとめると2つの大きな変化が混ざった1つの現象と考えることができます。

1つ目は、お金や経済の民主化です。

これまで300年近く国家の専売特許とされてきた通貨の発行や経済圏の形成が、新たなテクノロジーの誕生によって誰でも簡単に低コストで実現できるようになりつつあります。通貨を発行するのに金銀銅で硬貨を鋳造する必要も、偽造対策を施した紙幣を製造する必要もありません。ブロックチェーン上でルールを記述し、トランザクションを見ながら改善を繰り返していけば良いのです。

ユーザーはスマホさえあれば誰でもその経済圏に参加することができます。通貨や経済はただそこに昔からあるものではなく、自分で考えて選ぶもの、場合によっては自分で作るものへと変わっていっています。

2つ目は、資本にならない価値で回る経済の実現です。

私たちが価値という言葉を使う時に、それは、①現実世界で役に立つかという有用性としての価値、②個人の感情と結びついた内面的な価値、③共同体の持続性を高める社会的な価値の3つに区分されると書きました。

そしてこれまでの資本主義は現実世界で役に立つかという観点の①の有用性のみを扱

ってきました。そうなると、②内面的な価値などは有用性の観点からは全くの無価値になります。③共同体全体に貢献するような社会的な価値は、個人の利益の最大化が全体の利益に繋がると考える資本主義からすれば、ただの「お人好し」か「コスト」に過ぎません。

ただ、実際に②と③は間接的に経済に大きな影響を及ぼしていて、人々の感情や社会性を無視して自己の利益のみを追求した存在が長く続かないのは歴史が証明しています。**価値主義では新たなテクノロジーの誕生によって、内面的な価値や社会的な価値をも可視化して、それらも経済として成り立たせることで、資本主義の欠点を補完することができるようになっています。**

一方で、これらの2つの現象は既存の資本主義の世界で20年以上生きてきて、その考えが染み付いている人には、非現実的な話に聞こえるはずです。

「通貨とは中央銀行が発行し、経済とは国家がコントロールするもの」「分散させてバランスを取るなんてことはできるはずがない」など。

もしくは、「実用性のない役に立たない体験や感情にお金を払うなんてありえない」「評価や信用なんてものがお金に換わるのはおかしい」など。どこかで聞いたことがあると思います。

今までの常識からしたら確かにおかしいことですが、世の中の常識は日々変化しています。ちょうど200年前は中央銀行が通貨をコントロールするのはおかしいという議論が行われていましたし、40年前は紙幣がゴールドの裏付けを失ったらそれはただの紙切れでは？　といった議論が巻き起こっていました。

過去の常識が新しい価値観に上書きされていき、新しい価値観が常識になったかと思うと、すぐに新しい価値観による上書きが始まります。

実は私たちが持っている常識は世代によって全然違います。そして今の日本の常識と呼ばれているものは、日本の人口分布でボリュームゾーンでもある45歳前後の人が持っている概念を指しています。

例えば、先ほどの価値という観点からすると30歳前後の世代は、すでに車や家や時計などのものに対して高いお金を払うという感覚がわからなくなりつつあります。ものは所有しなくても使う時にだけ借りられます。つまり私たち世代にとってこれらの価値は低いのです。

一方で、50歳前後の方からすれば、スマホゲームに課金したり、ライブ配信に「投げ銭」を払ったり、ビットコインを買っている人たちの感覚はよくわからないと思います。全く「役に立たない」無価値なものにお金を払っている若者の未来を憂うかもしれません。

ここで紹介した価値主義という考え方も、移り変わっていく過渡期の考え方に過ぎませんが、ここから10年の未来を考える上では参考になるはずです。本書を手に取ってくださった方は、これから先の未来の価値観に興味のある方が多いでしょうから、次章でもう少し具体的に、生活がどう変わるのかという点に触れていきたいと思います。

第4章

「お金」から解放される生き方

この章では価値主義が普及した場合に、個人の働き方や考え方がどのように変わっていくかについて触れていきたいと思います。

すでにYouTuberやInstagramerなどのように「好きなことで生きていく」というスタイルを実践している人たちや、副業の解禁が進む中でクラウドソーシングやC2Cのサービスで複数の収入源を確保する人、給与の一部をビットコインへ投資する人など色々な動きがあります。そういった変化の中で力を発揮する人物とはどのような人かをこの章では紹介していきます。

人生の意義を持つことが「価値」になった世代

「ミレニアル世代」と言われる1980年代以降に生まれた世代は、終戦直後に生まれた世代とは、仕事や人生に対するモチベーションが大きく異なると言われています。

戦後から1970年代にかけては誰もが貧しい環境から高度経済成長を経験して裕福になりました。そこでの仕事のモチベーションはもっと豊かになりたい、お金が欲しい、美味しいものが食べたい、良い家に住みたいというシンプルな欲望を満たすことが中心でした。**欠けているものを満たす、マイナスのところからゼロに持っていきたいという強烈な上昇志向です。**今の中国やインドに近いです。

一方で、ミレニアル世代は、比較的裕福になった後の世代なので、お金や出世みたいなものにモチベーションを感じにくいです。生まれた時から衣食住が満たされている状態で、あの服が欲しかったとか、もっと美味しいものが食べたかったみたいな強烈な執着というのが生まれにくいのは理解できます。これは日本だけではなく、人間は豊かになると欲望の種類が変わってくる生き物なのだと思います。フェイスブックのCEOであるザッカーバーグはハーバード大学でのスピーチでこんなことを語っていました。

今日、私は「目的」について話します。しかし「あなたの人生の目的を見つけなさい」といった、よくある卒業式スピーチ」をしたいわけではありません。私たちはミレニアル世代なんだから、そんなことは本能的にやっているはずです。そうじゃなくて、今日私が話したいのは、「自分の人生の目標（意義）を見つけるだけでは不十分だ」ということです。**僕らの世代にとっての課題は、「〝誰もが〟人生の中で目的（意義）を持てる世界を創り出すこと」**なのです。（中略）この社会を前に進めること、それが僕ら世代の課題です。新しい仕事を作るだけじゃなくて、新しい「目的」を創り出さなくちゃいけない。

この話は非常に興味深いと感じました。おそらくさらに上の世代の人が聞いたらおかしな話に聞こえる内容のはずです。私はミレニアル世代と言っても育った環境は上の世代の人に近いので、ザッカーバーグの話は、半分同意できるが、もう半分は違和感を覚えました。

ここで語られていることは、つまり衣食住などの必要最低限のものが揃った生活ができるようになり、物質的には満たされてしまっていて、これ以上どこを目指したら良いのかがわからない。なので人生における目的・方向性・意義を多くの人が失ってしまった。だから多くの人が人生の意義や目的を持てるような世界を作ろう、ということになります。

ミレニアル世代以前は足りないものがあって、それを埋めるために必死に頑張るという明確な方向性を持っていました。そして、その基盤を受け継いだ世代は満たされてしまっているので、何に向かって頑張れば良いのかがわからなくなっている。**そしてその不完全燃焼のような感覚が多くの人を不幸にしているという事実**。おそらく上の世代からは「なんて贅沢な悩みだ！」とお叱りを受けると思いますが、これが深刻になってきているので、危機感を覚えている人が増えてきたということです。

ミレニアル世代は欠けているものがないので何をモチベーションに頑張ったら良いかがわからない。だから、欠けているものはないけれど人の手によって人工的に「意義」や「目的」を創り出そうというのが、ザッカーバーグの主張です。**そして人生の意義や目的とは欠落・欲求不満から生まれるものですが、あらゆるものが満たされた世界ではこの人生の意義や目的こそが逆に「価値」になりつつあります。**

この流れはさらに加速していき、人間は物質的な充足から精神的な充足を求めることに熱心になっていくことは間違いありません。これから**誰もが自分の人生の意義や目標を持てることは当然として、それを他人に与えられる存在そのものの価値がどんどん上がっていくことになります。**

グーグルやフェイスブックなど、最近急激に大きくなった企業に共通しているのが、誰もが理解できる明確なミッションを掲げている点です。グーグルは「世界中の情報を整理して誰もが利用できるようにする」こと、フェイスブックは「世界中の人々を繋げて、繋がりを密にする」こと。これらのミッションは社会の課題を解決するものであり、このミッションに取り組むことは、そこで働く社員にとっては働くための大きな意義になります。

グーグルやフェイスブックのような企業が多くの優秀な人を惹きつけられるのは、彼らが最高レベルの給与と福利厚生とブランドを持つというだけでなく、**そこで働く人たちに人生の意義や目的を提供していることが大きな要因だと私は思っています。**

そして、今後は人生の意義や目的を他人に与えられることが経済的な価値として認識されるようになり、それを与えられる組織や人間が大きな力を持ち、社会を牽引していくことになるでしょう。その意味でもザッカーバーグは世の中の多くの人の需要を察知して、それを満たそうとしています。

マズローの五段階欲求で言えば、最上級の自己実現の欲求のさらに先の欲求、社会全体の自己実現を助けたいという利他的な欲求が生まれてきています。これからも社会の変化に伴って人々の欲求は変化していくことでしょう。

若者よ、内面的な「価値」に着目せよ

人生の意義の話も踏まえて、価値主義の世界ではどんな働き方や生き方がスタンダードになっていくでしょうか。答えは非常にシンプルで「好きなことに熱中している人ほ

どうまく行きやすい」世の中に変わっていきます。

資本主義経済で何十年も生きていると「ある暗示」にかかってしまいます。それは儲かることを最優先に考えなければならないという暗示です。何よりも利益を最優先し、合理性と費用対効果を一番に考えることが資本主義的に正しい行動とされてきました。前述の通り、何かをする時に金銭的なリターンを比較して人生の意思決定をする場面はよく見かけます。就職がその典型で、その会社で働くかをそこでもらえる給与で決めてしまう人は多くいると思います。

価値主義ではこの前提は崩れます。まず前述した通り、お金の相対的な価値はどんどん下がっているからです。ミレニアル世代を中心に金銭欲求が薄れてきて、お金を稼ぐことが人を動かすモチベーションになりにくくなっていますから、お金を最優先に動いても、世の中の需要と噛みあわなくなってきます。さらにここからベーシックインカムなどが本当に普及したら、お金の価値は今よりもさらに下がってしまうでしょう。

次の競争戦略の点から考えても、お金を最優先に意思決定することは実は正しくありません。中国やインドのように国自体が成長していれば別ですが、日本の経済成長は止まっています。そしてこれから少子高齢化と人口減少によって経済はさらに縮小する方向に向かっていくでしょう。

そんな状況で、ものやサービスは飽和していますし、新陳代謝は止まり産業の構造の変化も乏しくなってきています。古くからある企業がずっと強いままですし、会社の中でも昔からいる人が重要ポストを占めていて、上の席は詰まっているはずです。縮小が始まるとさらに残ったパイの奪いあいになります。

今の経済の中で、20代や30代が競争していくのは相当「分が悪い」。少なくとも旨味は少ない挑戦と言えます。努力に対して見返りが少ないことは、今働いている人は何となく感じていると思います。

一方で、資本ではなく価値に着目するのであればチャンスは無数にあります。資本主義の枠組みの中では認識できない価値というものがたくさん存在するので、そこに焦点を絞れば良いのです。価値の中でもものやサービスなどを消費する使用価値という点では、それらは飽和状態にあり、資本と密接に結びついているので、競争が激しいです。

反対に、**人間の内面的な価値に関しては、現在の資本主義の枠組みでは上の世代が認識しにくく、ここには大きなチャンスが存在しています。**この内面的な価値には、共感・熱狂・信頼・好意・感謝のような種類があり、わかりやすい現物があるわけでもないので非常に曖昧です。ただ、確かに多くの人がそれに価値を感じて、経済を動かす原動力になっています。ゲームに課金したりライブ配信する面白い人にアイテムを投げたりするお金の払い方に、シニア世代は当惑することがあると思います。

これらは既存の経済で扱ってきた使用価値ではくくれない価値だからです。年配の人ほど、経済的な価値とは製品やサービスの使用価値・利用価値だという考え方を持っています。ここにチャンスがあります。

この内面的な価値を重要視するのはミレニアル世代以降ですから、上の世代では理解しづらい。これからの働き方を考える上ではここに絞って活動していくのが生存戦略の観点からも良いと思います。

「儲かること」から「情熱を傾けられること」へ

内面的な価値が経済を動かすようになると、そこでの成功ルールはこれまでとは全く違うものになり得ます。**金銭的なリターンを第一に考えるほど儲からなくなり、何かに熱中している人ほど結果的に利益を得られるようになります。**つまり、これまでと真逆のことが起こります。

従来は、経済的な利益を得ることを最優先し、個人の利益を最大化するように動くことが成功のための近道でした。ただ、内面的な価値を軸に考えた場合は、因果関係が逆転します。自分が心から熱中していることに打ち込んでいると、結果として利益を得られる。逆に利益を最優先に行動すると利益を得るのは難しいということが起きます。

例えば、商業的に成功するために歌っている人と、音楽が本当に好きでただ熱中して歌っている人がいるとしたら、みなさんならどちらを応援したいと思うでしょうか？　どちらに共感や好意を感じるでしょうか？　大半の方は後者のはずです。人気のYouTuberや動画配信者も、配信している人が本当に楽しそうに熱中してやっている場合に人気が出ているという印象を受けます。彼らにとっては経済的に成功したことは「結果」であって、儲けることが目的だったのではないと思います。

利益やメリットを最優先にする考え方は実用性としての価値の観点であって、それを内面的な価値に適用したところで全く機能しません。簡単に言えば、**「役に立つこと」や「メリットがあること」と、「楽しいこと」や「共感できること」は全く関係がないのです**。これまでの経済はいかに役に立つかを価値の前提にしてきて、使用価値のないものに価値を認めてきませんでした。内面的な価値は、商品でもサービスでもありませんでした。

しかし、共感・熱狂・信頼・好意・感謝のような内面的な価値は、SNSといったネット上で爆発的な勢いで広まっていきます。今や誰もがスマホを持ち歩いてネットに常時接続しているので、**人の熱量が「情報」として一瞬で伝播しやすい環境が出来上がっています**。

例えば、中国ではライブ動画配信で商品を販売するライブコマースに非常に勢いがあります。JD.comという大手ECサイトでは中国で人気がある女性タレントが登場してザリガニを販売しました（中国ではザリガニを食べます）。

5分間で45万匹のザリガニがこのライブ動画を経由して販売されたそうです。ザリガニであれば中国のスーパーに行けば購入できるのに、です。

ユーザーは、ただ食欲を満たすのではなく、「楽しみたい」、女性タレントを「応援したい」という感情に対して「価値」を感じて、お金を払っているのです。

仮想通貨やトークンエコノミーの普及によって、こういった目に見えない価値もネットを経由して一瞬で送れるような仕組みが整いつつあります。ものやサービスが飽和して使用価値を発揮するのがどんどん難しくなり、**多くのミレニアル世代が人生の意義のようなものを探している世界では、内面的な欲望を満たす価値を提供できる人が成功しやすくなります。**

この世界で活躍するためには、他人に伝えられるほどの熱量を持って取り組めることを探すことが、実は最も近道と言えます。そして、そこでは世の中の需要だったり、他の人の背中を追う意味は薄くなります。なぜなら、内面的な価値ではオリジナリティ、独自性や個性が最も重要だからです。**その人でなければいけない、この人だからこそできる、といった独自性がそのまま価値に繋がりやすいです。**

独自性や個性という観点からすると、例えば世間では給与が高くて人気のある企業に勤めていること自体に、価値はないという状況も普通に起こります。
なぜなら、大手商社マンの部長は既存の経済の中では人材価値が高いと思われがちですが、その人の価値はその企業が定めた「肩書き」に依存しているため代替可能です。
退職した場合はその人の価値は次の「部長」に受け継がれるのであって、その人の資産にはなりません。仕事を通して独自のスキルや経験などを身につけていない限りは自分の「価値」の向上にはなりません。

さんまさんとダウンタウンさんのどちらが面白いかといった議論に意味はないでしょう。どちらにも持ち味があり、人によって好き嫌いは様々です。**自分なりのスタイルや個性を追求していった人には、熱狂的なファンがつくのです。**

昔、ドコモのi-modeを作った夏野剛さんが「起業家は誰かになろうとしたら終わり」と言っていたことが記憶に残っています。起業家は新しい枠組みを作るその創造性に価値がある職業であり、誰か他人になろうとする時点で自己矛盾に陥るということだと理解しました。

同様に、内面的な価値の世界でも、比較優位ではなく、自分がとことん熱中できることを探して、独自性を追求していくことが、結果的にうまくいくための近道になります。

人間の心は放っておくとすぐサビる

では、熱中できることってどうやったら見つかるの？　と疑問に感じる人がいるかもしれません。**まずはあなたが１日中やっていても苦痛ではないことを探すのがいいでしょう。**もしくは他人から異常に詳しいと言われたり、なぜそんなことをそんなに気にするのと言われることを思い浮かべてみると、そこに情熱のヒントがあります。

おそらく、何かに熱中した経験というのは誰でも子供の時にしていると思います。**ただ、小中学校の教育を受け、やりたいことではなく、やらなければならないことを続けていくうちに、自分が何に興味を持って何に熱中していたのか、情熱の源泉を忘れてしまう**のだと私は思います。

人間の精神とは不思議なもので、意識していないとすぐに自分が何を感じていたかも忘れてしまいます。時間が経つと自分が感じていた情熱も心の奥深くに埋もれてしまい、そこで日常の様々な義務に縛られていくうちに表面に膜のようなものが積み重なって自分が何をしたかったのかも思い出せなくなってしまいます。**私はこれを「心がサビる」と表現します。**油断していると誰でもこういった状況に陥ってしまいます。

10代は「多感な時期」と言われることが多いですが、これは心にサビが溜まっていないために多くのものを感じ取れる状態だと思っています。**色々なものに感動したり悲しんだりできるのは世界に直に触れているからであり、精神にサビが溜まっていくと麻痺して何を見ても何も感じられなくなってしまいます。**

近代の学校教育は兵士を作るためのものだったので、枠組みの中で画一的に動いてくれる人を育てるように作られています。今後のＡＩ化された社会では、兵士も不要になりますし、学校で教わるような単純作業は全て機械に取って代わられてしまうでしょう。

日本の学校教育とは反対の、**「モンテッソーリ教育」という、子供の興味をとことん伸ばしていくという教育法が注目されています。**グーグル、アマゾン、フェイスブックの創業者はいずれもこの教育を受けていたと言われています。

内面的な価値がますます重要になってくると、そこでは自分の情熱がどこにあるかをしっかりと把握して深掘りできる人に大きなアドバンテージがあります。それに加えて、他人の情熱を刺激して「サビ」を吹き飛ばしてくれるような人は大きな価値を発揮することになるでしょう。

誰かの作った枠組みの中で動くのではなく、自分との対話を通して、自分自身が何に熱狂できるかを追求することが必要な時代になります。

「お金」のためではなく「価値」を上げるために働く

価値主義の世界では就職や転職に対する考え方も大きく変わってきます。**ざっくり言ってしまうと、この先は「自分の価値を高めておけば何とでもなる」世界が実現しつつあるからです。**

従来の働き方では、どの会社が自分のことを最も高く買ってくれるか、どの会社であれば潰れなくて安定していそうかを考えて、就職先・転職先を選んでいました。

ただ、前述した通り、個人が自分の価値を収益に換えて生きていける環境はもはや整備されつつあり、**本当に価値を提供できる人は会社に属して働く必然性が消えてきています**。むしろ彼らにとっては、会社とは自分の価値を発揮する、たくさんあるうちの1つのチャンネルになっていきます。間違いなく個人の収入源が1つの会社に依存しているという状況は変わっていき、個人はパラレルキャリアで複数の収入源を使い分けていくことになるでしょう。

そこで重要なのは「個人の価値」です。個人の価値さえ高めておけば、それをお金に変換することもできますし、お金以外の他の価値にも変換することができます。ここで言う価値とは、①スキル・経験のような実用性としての価値、②共感や好意のような内面的な価値、③信頼・人脈のような繋がりとしての社会的な価値、のいずれも含みます。

従来はこれらは企業の経営戦略において、事業戦略、CSR、ブランディングのような領域でやっていくことですが、それが個人レベルでも必須になってきています。

そして、働く企業を選ぶ際も、これらの自分の価値の最大化に繋がる環境を選ぶようにしたほうがいいでしょう。わかりやすく言うと、仮にその会社を退社した時に、自分の人材としての価値が高まっているのかどうかを基準に考えていくと、世の中の年収や人気とは全く違う優先順位が見えてくるはずです。

例えば、社会的ブランドや年収が高く安定的であっても、創造性もなく、書類の整理やハンコばかり押しているような仕事であれば、あなたの人材としての価値は上がらないどころか、下がっていく可能性があります。それらの仕事は数年後は機械に置き換わっているからです。

反対に、安定性もなく年収も高くないけれど、そこでの仕事を通じて普段会えないような人たちと繋がれたり話を聞けたり、既存の枠組みにとらわれない発想ができたり、将来的に価値が高まっていくようなスキルが身についたりするような職場であれば、そこはあなた個人の価値を高めてくれる職場と言えるでしょう。独立や起業を考えている人は、今でもこのような観点から仕事を選んでいると思いますが、個人の時代では誰もが、自分の価値を高められるかで仕事を選んでいくことになります。

そして、日々の業務の中でも本当に今の活動が自分の価値の上昇に繋がっているかを常に自問自答し、それがないのであれば年収が高かったとしても別の道を考えてみるこ

とが必要になります。

枠組みの中での競争から「枠組み自体を作る競争」へ

これまでは、資本主義という1つの大きな枠組みの中で競争するのがセオリーでした。それはより多くの資本を積み上げた人間がより多くの力を得るという世界でした。

これからは価値という観点から、**自分なりの独自の枠組みを作れるかどうかの競争になります。枠組みの中の競争ではなく、枠組みそのものを作る競争です。**そのためには自分の興味や情熱と向きあい、自らの価値に気づき、それを育てていく。そしてその価値を軸に自分なりの経済圏を作っていく。

クリエイターであれば自分の作品ができるだけ多くの人の目に触れるように情報発信をして、興味・共感・好意を持ってくれる人との繋がりを増やしていき、その上で自分の独自性とは何なのかを見極め、さらに磨きをかけていくことが必要です。そこで他の人が感じてくれた興味や共感などが貴重な「資産」となります。

そのためにはそれを実現させるためのテクノロジーや、人間の欲望について深く理解することも必須です。ただ、こういったノウハウはテクニックに過ぎず、世の中に広く流通すれば、やがては誰でも扱えるようなコモディティになります。

あくまで重要なのは自分自身と向きあった上で、自分の情熱を発見し、自らの価値を大事に育てていくことだと私は思っています。

第5章

加速する人類の進化

価値主義が進み、リターンという利用価値以外の、人間の内面的な価値や、人類全体に貢献するような社会的な価値も経済の中で扱われるようになると、社会はどのように変わっていくでしょうか。この章では個人の生活ではなく、世の中全体という、もう少し広い視野で考察してみます。

お金にならなかったテクノロジーに膨大なお金が流れ込む

今、起きている「ポスト資本主義」とも言える経済の変化は、テクノロジーの急速な進化を促し、人類史の新しい1ページを開く引き金になると個人的には思っています。

かつてルネサンスが起こった時は、イタリアは貿易によって急速に裕福になっていきました。貿易や金融で財産を築いたメディチ家など大富豪が有り余る富で芸術家を支援しました。結果的に、近代芸術の発展に繋がります。

さらに宗教の後ろ楯を得たニュートンなど科学者が様々な物理法則を発見して、産業革命を引き起こし、そこでもたらされた経済的な基盤をもとに宗教から民主主義・資本主義・科学の時代へ大きなパラダイムシフトが起きていきます。

自由や平等など、私たちの価値観の大半はこの時代に作られたものであり、２００年以上アップデートされていません。**人類が大きなパラダイムシフトを起こす時は、いずれも人間の想像力を発揮した期間であり、それを支援する経済的な基盤が揃っている場合です。**

今回の経済に関する革命は、今まで「儲からない」という理由で投資を受けられなかった最先端のテクノロジーへの投資を加速させ、人類を次のパラダイムに移行させるトリガーになり得ると見ています。

従来型の資本主義世界での覇者であるシリコンバレーの巨大ＩＴ企業、アップル、グーグル、アマゾン、フェイスブックが持つ現金は小国を超える規模であり、有り余る富を新たなテクノロジーの発展に注いでいます。彼らはまるで産業革命時代の鉄道会社、石油会社、巨大銀行のような存在になりつつあります。当時もこれらの企業が新たなテクノロジーに莫大な資本を投下した結果、電力や自動車などの現在の生活インフラが出来上がりました。エジソンに資金援助をしていたのもモルガン家です。

巨大企業の資本以外でも、仮想通貨やブロックチェーンなどの既存の経済とは全く違う経済システムの誕生によって、ソーシャルキャピタルに対しても大量にマネーが投下されています。ICOと呼ばれる仮想通貨ベースでの資金調達の額は2017年中盤でも2500億円を突破し、これはベンチャーキャピタルが出した金額を上回っています。**かつてはグーグルやフェイスブックなどの新たなテクノロジー企業にリスクマネーを供給したのはベンチャーキャピタルでしたが、今は仮想通貨によるICOがその役割を担いつつあります。**

巨大IT企業は有り余る現金を使って採算度外視でテクノロジーの研究に投資をし、新興企業は仮想通貨の経済圏から資金を調達して新しいテクノロジーの進化を推し進めることになります。

この黄金時代によって、従来では考えられなかったようなプロジェクトにも資金が流れるようになります。例えば、遺伝子医療や宇宙開発や新エネルギー開発のような分野でも資金が調達しやすくなり、長期的な視点で研究を進めることができるようになるでしょう。

そして、この30年間で開発される新たなテクノロジーは、産業革命以上のインパクトを人類に与え、人類をこれまでとは全く違う世界へと連れていってしまうことになると思います。一部の学者はそれを「シンギュラリティ」と呼んでいますが、今、起きている通貨や経済におけるイノベーションは、シンギュラリティを加速させる要因になると思っています。

大半の労働は機械によって自動化され、人間はお金や労働から解放されます。人間は生きていくために働くことも、お金を稼ぐことも必要なくなります。ベーシックインカムや巨大企業による生活インフラの無償化、トークンエコノミーなどの多層な経済のおかげで、万人が必要最低限の生活ができるような状況にはなっていくでしょう。

「ひいじいちゃんの時代には1週間のうちのほとんどをやりたくもない仕事をしていたらしいよ、かわいそうだね」と、私たちの孫ぐらいの世代は話していそうです。それはまさに現代人が身分制度に縛られていた江戸時代の市民を見る目に近いです。

電子国家の誕生：エストニア

既存の国家と国民の関係も変化していきます。国家はこれまで領土を持ち、通貨を発行して経済をコントロールし、法律を制定し、警察や軍隊によって治安を維持する役割を担ってきました。

ただ、ここまで読んでくださった方々であればおわかりでしょうが、これらの役割は国家の専売特許ではなくなりつつあります。人々がオンライン上で過ごす時間が多くなればなるほど、現実世界の領土の広さはさほど重要ではなくなります。

それこそＶＲでは空間は無限に生成できるので、物理的な領土を持っていることの優位性はどんどん下がっていきます。そして、仮想通貨やブロックチェーンの普及によって通貨や経済の領域も国家である必然性は薄れてきてしまいます。

さらに法律ですが、「スマートコントラクト」によってこちらも国家の役割は減っていくかもしれません。スマートコントラクトはブロックチェーン上であらかじめ約束事をルールとして記述しておき、特定の条件が満たされると約束事が自動的に執行される仕組みです。ブロックチェーンの改ざんが難しい性質を活用したもので、裁判所や行政のような執行者が存在しなくても契約内容が自動的に履行される仕組みです。

最後は軍事ですが、こちらも警備や戦争などはドローンやロボットなどが中心になり、サイバーテロのようなデジタル戦になることから、鍛えられた兵士や警察官が大量に必要ということもなくなります。

つまり、現状でも理論的には、国家の役割を全てを電子化してテクノロジーによって代替できてしまう土台は出来上がりつつあるのです。

では、国家は今後どのように変化していくのでしょうか?

エストニアが１つの未来の可能性を示しています。エストニアは欧州の人口１３０万人ほどの国です。日本でたとえると青森県ぐらいの人口になります。エストニアは

Skypeなどのサービスの発祥地であり、「デジタル国家」「国境なき国家」を目指して新たなテクノロジーを国家運営に積極的に取り入れています。

例えば、世界に先駆けて電子投票システムを導入したり、電子IDカードを取り入れて各種の行政手続きも電子化しています。また電子居住権というユニークな仕組みも作っています。電子居住権とはネットサービスのユーザー会員登録の国家版のようなもので、海外の起業家が申請すればバーチャル上のエストニア国民として銀行口座が開設できたり、法人が設立できるようになるという仕組みです。すでに2万人以上が申請を許可されています。

さらに、最近大きな話題になったのが、エストニアが独自の仮想通貨「エストコイン」を発行して仮想通貨ベースの資金調達法ICOを実施する可能性を示唆したことです。欧州の統一通貨はユーロですが、エストニア政府は完全にバーチャル上で仮想通貨を発行して、そこで得た資金をブロックチェーンなどの新たなテクノロジーに投資したいようです。

かつてシンガポールは金融の力を活用して人口600万人と小国ながらアジアでは高

い経済成長を実現して先進国となりました。**エストニアはインターネットなどの情報テクノロジーの力を活用してグローバルな影響力を発揮しようと考えています。**

アメリカや中国のような、国際社会で大きな力を持っている国は、今とは全く異なる仕組みを導入するのに躊躇するはずです。一方で、既存の国際社会で覇権を握れていない国は新しいトレンドを取り入れて次世代の「新しい国家の形」を作る可能性を秘めています。

個人的には国家は３つの方向に変化すると読んでいます。１つ目はエストニアのような先進的な国が、アメリカや中国とは全く異なる形でもう１つのグローバルスタンダードを作る未来。

２つ目はグローバル巨大ＩＴ企業が、新たなテクノロジーを活用して実質的には国家のような役割を担い始める未来です。グーグルやアマゾンなどの影響力はすでに小国を超えています。彼らが行政サービスのようなものを民間企業として質を高めて提供していくことは、十分すぎるほどあり得るでしょう。

3つ目は、全く無名の共同体がバーチャル国家として名乗りを上げて、新しいモデルを作る未来です。ISIS、イスラム国は国際政治上は国家として認められていませんし、過激派テロ組織とされています。ただ、彼らは自らを国家と名乗り、電気の供給、水の供給、銀行・学校・裁判所などの近代インフラを独自で整備していると言われています。

またSNSなどをたくみに活用してメンバーを募ったりもしています。もちろんこれはネガティブな例ですが、今後バーチャル上で国家の機能を代替できるようになると、構成員もメンバーもわからない電子上の国家というのがいくつも登場してきても全くおかしくはないと思います。

宗教と価値主義

次に宗教も価値主義の時代では大きな影響力を持ってくると考えています。最近グーグルの元社員が新たな宗教団体を作ったとして話題になりました。その宗教団体は「Way of the Future」という名前で、グーグルとUBERに会社を売却した経験のあるエンジニアAnthony Levandowski氏によって設立されたものです。

物議をかもしたのは、**この宗教団体は「人工知能」を神として崇めて社会をより良くしていく、という教義を掲げている点です。**私はこの話を聞いた時に、全く違和感を覚えませんでした。なぜなら現在のグーグルがある種の宗教みたいなもので、株式会社の形をしているか宗教法人の形をしているかの違いに過ぎないからです。

グーグルに限らず、シリコンバレーのＩＴ企業の理念の多くは、テクノロジーを活用することで今より良い世界を実現するというものであり、それはテクノロジーの発展は人々を幸せにするという「信条」に他なりません。神様や宗教なんて単語があるだけで途端に胡散臭くなりますが、やっていることも目的も同じなのです。

ＳＦ小説で「テクノリベラリアン（テクノロジー解放主義者）」という表現を昔見つけたのですが、テクノロジーの発展によって人々を苦痛から解放するという信条を持った人たちを指して使われていました。ＩＴ企業は少なくともこれに該当するでしょう。

また、先ほど価値主義によって共感・信用・好意などの内面的な価値も経済を作り出すという話をしました。宗教はまさにこの内面的な価値を扱うものです。そしてザッカーバーグのスピーチにもあったように、多くのミレニアル世代は「人生の目標」を必要としていますが、人生の意義を提供する役割は今までは宗教が担っていました。つまり、**宗教とテクノロジーが融合して経済圏を形成しても不思議ではありません。**

先ほど経済と政治の境界も消えると話しましたが、同様に経済と宗教の境界線も消えていくでしょう。株式会社も宗教法人も、利益か思想かの入り口は違いますが、やることが似ているからです。**株式会社は理念を掲げて社会的な価値をより追求していく流れにあり、一方で宗教は内面的な価値を取り込み経済を形成していきます。**

日本人は無宗教者が大半ですが、世界的に見れば無宗教者は少数派です。ちなみに世界の宗教人口のトップ3は、キリスト教が22億人（約33％）、イスラム教が15億人（約22％）、ヒンズー教が9億人（約13％）です。キリスト教徒がオンライン上でトークンエコノミーを形成したらそれだけで世界最大の経済圏が誕生するでしょう。

宗教を構成する要素を調べたことがあったのですが、前述した経済システムの要素とほぼ同じでした。宗教はまず第一に「教義」が重要で、経済システムは「報酬」が一番重要です。優先順位が異なるだけで揃えなければいけない要素は一緒です。

経済システムも国家も都市も宗教も会社も、私たちは目的や規模や用途に応じて別の名前をつけて別の概念として扱ってきました。

しかし、「価値」という視点で分類し直すと、これらを区別する意味はなくなります。価値主義では、物理的な存在を前提にした近代の分類が溶けてなくなり、バーチャルな空間でのネットワークの構造に着目するからです。

「現実」も選ぶ時代へ

人間が労働とお金から解放されると、膨大に時間が空きます。そこではエンターテイメントが主要な産業になり、いかに精神的に充実させるかを追求していくことになるでしょう。ルネサンスのように、人間の創造性は精神的な充足を得るためにフル活用されて、ＶＲ／ＡＲ／ＭＲなどのテクノロジーの発展と共に現在の私たちが想像もしないような様々な方向に精神は拡張していきます。

映画は映画館やＤＶＤで見るものではなく、映像の中で自分が主人公になって楽しむものに変わっていき、映像だけでなく匂いや感触までよりリアルに再現できるようになると思います。没入感を極限まで再現するとそこはほぼ現実と大差がなくなります。

さらに、こういった人間精神の拡張技術によって、私たちのものの見方や考え方も変化していきます。例えば、私たちは今ビジネスでパワーポイントのグラフなどを使って２次元でプレゼンをしたり会議をしたりしています。ビジュアライズされたグラフによって言語ではなく直感的に様々な状況を把握することができます。おそらくパワーポイントやエクセルがなかった頃は、目には見えないような複雑な現象を共有することは難しかったはずです。

これがさらに３次元、時間軸まで含めた４次元を簡単に共有できるようになったらどうでしょうか？　例えば、会議でプロダクトの試作品をＶＲやＡＲ上で何パターンも視覚的に共有し、３年使われた場合の製品の劣化具合などを時間軸の変化と合わせて比較できたりすれば、意思決定まで膨大な資料を作る必要もなくなります。そういった人間の脳のシミュレーション能力を補強するツールを使いこなせるようになった人類は、今よりはるかに高い思考力と正確な意思決定ができるようになっているでしょう。

デバイスによって現実を強化したり拡張したりする一方で、脳とコンピュータを接続して人の認識そのものを書き換えてしまうような技術も発達してきます。

ＢＭＩ（ブレインマシンインターフェイス）は脳とコンピュータを直接繋ぎ、脳そのものを制御したり、脳を使ってコンピュータを動かしたりすることを可能にする技術です。

視覚・聴覚・味覚・触覚・嗅覚などは脳が作り出している感覚なので、ここを直接制御できるようになると、まるで本物が存在しているかのように五感で感じられるようになります。視覚なども脳が作った感覚ですから、例えば紫外線が見えるようになったり、人の熱量が見えるようになったりすると、この世界が今とは全く違うように見えてくるかもしれません。

つまり、ＶＲ／ＡＲ／ＭＲやＢＭＩが発達していくと、人間は「現実」そのものを選

択できるようになる可能性が高いです。いくつかの現実のチャンネルを切り替えて、自分が最も居心地が良い世界を自分にとっての「現実」と選択するようになります。突拍子もないような話に聞こえますが、現在でも、2次元のネットの中をメインの現実として生きている人もいます。

ある女性のインスタグラマーが髪にカーラーをつけたまま外に出て、インスタにアップする写真を撮る瞬間だけカーラーを外すという話を聞いて、彼女にとってはインスタの世界がメインの「現実」であり、それ以外の世界はサブと認識しているのだと思いました。お金や労働から解放されると、多くの人が精神的な充実に関心を向け、それをVRやBMIなどのテクノロジーで実現できるようになれば、そちらに大半の人が流れてしまうのは避けられません。

当然、今の私たちからしたら到底受け入れがたい環境ではありますが、それは私たちがそれがなかった世界を知っているからです。生まれた瞬間からその技術が存在している場合は便利なツールとして受け入れることができると思います。

私が幼い頃もテレビゲームにハマる小学生が社会問題になったりしました。テレビゲームがなかった頃の遊びを知っている親たちの世代からしたら、ずっとテレビの前でゲームをしている子供を不安に思ってしまうのはやむを得ないことだと思います。

ただ、テクノロジーの進化はなかなか止めることができません。便利で欲望を満たすものは次々に作られていき、世代が変わると共に社会に浸透していきます。「現実」を選べるようになると、人類は今とは全く違う欲望を発達させていると思っています。

例えば、VRの性能が今よりはるかに上がり現実とほぼ同じレベルでの没入感を実現できていると仮定して、あなたはVR上のアプリケーションでいくつもの世界を自由に行ったり来たりすることができます。

各世界では本物そっくりの仮想空間上で友達と会話したり仕事の打ち合わせをしたりすることができます。一方で私たちが現実と呼んでいる物理空間でもARやMRによってバーチャルな存在が混ざってきます。

あなたはフェイスブックやツイッターやインスタグラムのアプリを使い分けるように、色々な仮想空間でそれぞれ異なる人格でコミュニケーションを楽しみます。その中でも一番居心地が良い仮想空間で1日のうち最も長い時間を費やすことになるでしょう。その状況ではあなたの頭の中では一番多くの時間を費やす世界を「現実」と考えるようになってきます。

また、承認欲求はSNSによって可視化された欲求ですが、昔から人間の根源的な欲求として存在していたものです。それがSNSによって誰にでもすぐ実現できる欲求として増幅しメジャーな存在になりました。

自分の視覚・聴覚・味覚・触覚・嗅覚などの五感もデータとして他人と共有できるようになると、他人と五感を共有したい「統合欲求」のような新しい欲求が誕生してくるかもしれません。

自分が見た景色だけではなく、匂い、味、感情など全てを他人と共有するという体験です。すでに人々は自分が良いと思ったものを他人と共有したいという欲望があることはSNSで明らかになっていますから、技術が進歩するとさらに色々なものを共有したくなる、なんて話があったとしてもおかしくはありません。

人類の経済圏は大気圏を突破する

経済のイノベーションは人間の精神的な欲望を満たす流れを加速させるという話をしてきましたが、もう１つの方向にも拡張していくことが予想できます。それは空間的な広がり、つまり地球の外である宇宙の開発を加速させていき、宇宙空間も人間の経済圏の一部に取り込むことが予想できます。

テクノロジーにはいくつかの興味深い性質があります。

１つ目はいずれも人間の能力を拡張するものであること。蒸気機関やエンジンは人間の身体能力の拡張ですし、コンピュータやＡＩやＶＲは人間の精神の拡張にあたります。

２つ目は普及すると人間そのものを教育し始めるという性質。人間はお金を発明したことでお金に縛られるようになりましたし、コンピュータを発明したことでコンピュータに判断を委ねるようになりつつあります。

最後に、**身体の近いところから、空間的に遠いところに拡張していく**という性質。いずれも人間の掌で扱える道具や機械だったものが、最近は人の掌を離れて勝手に動き回るようになっています。

そして、その究極は、地球の外側である宇宙空間に向けてテクノロジーが発達していく流れです。

すでにアメリカを中心に宇宙産業では2000年代のIT革命時のような盛り上がりを見せており、様々なスタートアップが生まれて投資を加速させています。中でもイーロン・マスク率いるスペースXはロケットの再利用にも成功しており、打ち上げコストは急激に下がってきています。数年後には、ほぼ毎日のように安価にロケットの打ち上げが行われているという状況も夢ではなく、宇宙が人類にとっての生存圏になる可能性もぐっと高まってきました。

海外旅行に行く感覚で宇宙旅行に行ったりすることができるようになると、エンターテイメントの産業も盛り上がってきます。また、１０００機以上の人工衛星を飛ばして、宇宙空間から地球にＷｉ－Ｆｉを提供する宇宙インターネットが実現すると、基地局がない開発途上国の人も安価にネットを利用できるようになるでしょう。

さらに、宇宙空間で太陽光発電を行い地上に送電する仕組みなどが実現できると、太陽からの無限のエネルギーを活用することができるようになります。

通信とエネルギーの２つが宇宙空間を活用して供給できるようになると、人類の経済圏が宇宙空間にまで広がっていく動きがより現実味を帯びてきます。

「お金」は単なる「道具」である

ＳＦのような話が続いたので、最後に身近なお金との付きあい方、お金と感情との距離の取り方について触れて終わりたいと思います。

冒頭でも説明した通り、お金という存在は色々とネガティブな感情をくっつけて語られることが多いと思います。

私個人でも、以前はお金というものに非常にネガティブな感情を持っていました。お金という存在によって人生の選択の幅が狭められてしまったり、お金がないがために惨めな思いをしたり、そういった経験を重ねていくうちに「お金＝なんだか嫌なもの」という偏見を持ってしまっていました。

ただ、事業を通して様々なお金のデータを分析していくうちに自分の偏見や思い込みが間違っていることが徐々に明らかになっていきました。最終的には、お金や経済を1つの「現象」として捉えられるようになり、お金と感情を分けて考えられるようになっていきました。

例えば、「格差」という言葉を聞いた時に何を思い浮かべるでしょうか？　多くの方はネガティブなこと、悪いことであると感じるはずです。そして、この言葉にネガティブな感情を抱いてしまうと、その感情を鎮めるためにわかりやすい「悪者」を見つけようとしてしまいます。

誰か世の中に悪い人間がいて、その悪者のせいで多くの人が永遠に厳しい生活を強いられているという風に、感情を軸に答えを探そうとしてしまいます。そして、わかりやすい「スケープゴート（生贄）」を見つけては、袋叩きにして憂さを晴らします。感情的な不満を解消して溜飲を下げることには成功しますが、これによって「格差」という問題が解決するなんてことは永遠にありません。１人の個人が格差の要因になるほど、社会全体は小さくも単純でもないからです。仮にそうであったとしても、その「悪者」がいなくなっても次の「悪者」が出てくるだけで、根本的な解決には繋がりません。

これは感情的な偏見をもって臨んでしまった結果、「格差」という構造的な欠陥を解決するはずが、感情的な不満を解消することに問題が途中で「すり替わって」しまう典型例です。

ちなみに、近世のフランスなどにあった「ギロチン」という刑は、実際は市民にとっての「娯楽」という側面を持っていました。当時は多くの人が貧しく、政治に対しても不満を抱えて鬱屈した日々を送っている人たちがたくさんいました（後に彼らの不満が原動力になって革命などが起きていきます）。簡単に言えば、ギロチンはそんな市民の「憂さ晴らし」をするために用意された娯楽でした。日々の生活の不満を、ギロチンで処刑される「悪人」にぶつけて、その人が死ぬことで日々の感情的な不満を解消しては憂さを晴らしていました。ただ、よくよく考えると処刑後も世の中は何も変わっていません。また多くの人の不満がたまると次の生贄を用意して一時的に憂さを晴らすことを繰り返すだけでした。最後はそれでも解消しきれなくなってフランス革命などに繋がります。

本来であれば、真剣に考えなければならなかったのは、経済システムの構造的な欠陥です。しかし、悪人らしい人を見つけては懲らしめてスカッとするという目の前のわかりやすい安易な道を私たちは選んでしまいがちです。経済の構造を分析して解決する制度を作るよりも、悪人っぽい人を見つけて吊るし上げたほうが圧倒的に楽だからです。さらに、そのほうが多くの人も納得してくれて、評価までされるのであれば、なおさらそれを目指してしまうでしょう。現在でも、政治、産業、組織内でこういった目の前のわかりやすい感情的な解消策で済ませようとする光景は、みなさんもよく見かけると思います。

第1章で説明したように、格差とは有機的なネットワークの循環が作り出す一種の「物理現象」です。取引を繰り返すうちに物事は徐々に偏りが発生していき、自然と格差はできてしまいます。そういった現象と構造を理解した上で、どんな制度であれば格差を固定化せずに社会全体が活気を持てるかを考えるのが建設的です。目の前の感情的な不満を解消することを繰り返しているうちは、本当の解決策は永遠に見つかりません。

つまり、本当にお金や経済が作り出す課題を解決したいと考えるのであれば、お金に自らがくっつけている「感情」を切り離して考えなければなりません。お金や経済が持つ特徴を理解した上で、それらを自分の目的のために「ツール」として使いこなす訓練が必要なのです。

たくさんのお金を動かしている人ほどお金が好きな拝金主義者や守銭奴のような印象を持っている人がいますが、実際は全くの逆です。よりたくさんのお金や経済を動かしている人ほど、お金を紙やハサミやパソコンと同様に「道具」として見ています。そこに何の感情もくっつけていません。純粋に便利な道具という認識を持っているからこそ、それを扱う時も心は揺れませんし、冷静に判断をし続けることができます。

一方で、お金がうまく扱えず困っている人ほど、お金に特別な感情を抱いていることが多いです。私もそうでした。それがないことによって起きる困窮や不安から、お金に感情をくっつけてしまい、道具以上の意味を感じてしまいがちです。お金や経済を扱うためには、お金と感情を切り離して１つの「現象」として見つめ直すことが近道です。

おそらくトークンネイティブのような世代が誕生してくる頃には、こういった話は意味がなくなっているでしょう。その頃には、お金がただの「ツール」であることは語る必要がないほど浸透して常識になっていると考えているからです。私たちがお金に特別な意味を感じていた最後の世代になるでしょうし、そういう未来の到来を早めることが私たちの世代の人間の仕事だとも思っています。

最後に、本書を読んでくださった方々がお金を「ツール」として深く理解することで、今まさに始まりつつある「新しい経済」をうまく乗りこなし、自分のやりたいことが実現できることを強く願っています。

おわりに

本書をここまでお読みいただきありがとうございます。

もともと、自分の経験を通して得た「お金」に関する知見がある程度まとまったら、1冊の本にしようと考えていました。今このタイミングでこの本の執筆ができたことを嬉しく思っています。

思い出してみると、この12年間、私はずっと同じことを繰り返してきました。何かの疑問が浮かんだら、それに関する情報をかき集めて読み漁り、自分なりの仮説を立てて、試してみる。そうすると次の疑問が浮かんできて、同じようなことを毎週繰り返していく。休日に情報を整理し仮説を組み立てて、平日は実務を回しながら検証を行い、また休日には平日に得た結果を元に次の疑問と次の仮説に繋げていく。

それはたとえれば、遺跡の発掘作業のようとも言えますし、玉ねぎの皮を剝いていくような感覚にも似ています。

掘り進めていくと何か重要なものが隠れているような感触がありますし、皮を剝いては玉ねぎの芯に近づいているような気分でもあります。根気よく続けていくと、たまに非常に重要な法則性が見つかったり、全く関係ないように見えていた様々なものに普遍性があったり、自分の偏見や常識が覆る場面に遭遇します。そんな気づきを得られた瞬間は毎回とても衝撃的です。自分が世界の真実に直に触れたような感覚になり、そこで得た気づきをすぐに試してみたくなったり、そこから派生する別の疑問が湧いてきたりと、まさに本書でも紹介したように快楽物質がドバドバと分泌されている状態です。

その体験を通して得られる刺激が大きすぎて、それに比べると日常生活で感じる快楽は非常に色褪せた退屈なもののように映ってしまっていました。これがこのような生活に没頭し続けていた理由です。

本書はこれで一区切りとなりますが、これからもまだまだ新たなテクノロジー、新たな概念は誕生し続けていき、私たち人類が積み重ねてきた常識を新しく塗り替えていってくれるでしょう。誰もがまだ気がついていないこの世界の真実も、熱狂的な探究者たちが解き明かし、これからも世の中を何度も驚かしてくれると思います。

アインシュタインがこんな言葉を残しています。

空想は知識より重要である。知識には限界がある。想像力は世界を包み込む。
大切なのは、疑問を持ち続けることだ。神聖な好奇心を失ってはならない。

アインシュタインは、当時絶対的な真理とされていたニュートンが発見した「常識」を覆しました。そしてそのアインシュタインが発見した世界の見方すらも、たった今新しい発見によって覆されようとしています。

つまり、私たちの周囲を覆っているあらゆる常識や概念は、全て人間の「想像力」の産物に過ぎず、それは次の時代の人々によって上書きされ続けていく「発展途上」なものに過ぎません。「かくあるべき」「かくあらねばならない」などということは本当は存在せず、人間はどんな空想も現実に変えることができ、どんな存在を目指すこともできます。必要なのは、アインシュタインの言う通り「好奇心」と「想像力」を絶やさないことです。

人間は、年を経るごとに多くの思い込みや偏見が溜まっていき、社会のしがらみに縛られていくうちに、ありのままに物事を見て自由に想像するということが難しくなっていきます。

その最たるものと言える過去の人たちの想像の産物である「お金」に対して、自由に想像して「もしかしたら自分が気づいていない別の切り口があるのかも?」と考えてもらうキッカケに本書がなってくれたら良いなと思っています。

そして、本書を出版する中で編集を担当していただいた箕輪さん、社長の見城さんに心から感謝いたします。実は複数の出版社から同様の本を書かないかと打診をいただいていましたが、箕輪さんがいたからこそ幻冬舎から出したいと思いました。人間の熱狂は伝播するもの。目の前の活動に熱中して心から楽しんでいる人と仕事をするのは楽しいです。箕輪さんの働き方は、本書で紹介した価値主義におけるこれからの生き方を一足先に体現しているようでした。そういう人たちと仕事を通じて関われることが、私にとっては「内面的な価値」に繋がります。

私自身も、これから何度も訪れる新しい世界にいつまでもワクワクしながら飛び込んでいけるような存在であり続けたい、そう願っています。最後までお読みいただきありがとうございました。

２０１７年10月23日　佐藤航陽

お金2.0
新しい経済のルールと生き方

2017年11月30日　第 1 刷発行
2018年 2 月15日　第10刷発行

著者
佐藤航陽

発行者
見城 徹

発行所
株式会社 幻冬舎
〒151-0051 東京都渋谷区千駄ヶ谷4-9-7
電話　03(5411)6211［編集］
　　　03(5411)6222［営業］
振替　00120-8-767643

印刷・製本所
中央精版印刷株式会社

検印廃止

Printed in Japan
ISBN978-4-344-03215-6　C0095
幻冬舎ホームページアドレス
http://www.gentosha.co.jp/

この本に関するご意見・ご感想をメールで
お寄せいただく場合は、
comment@gentosha.co.jpまで。